Yes!

"당신이
생각하는 대로 된다."

－얼 나이팅게일 Earl Nightingale

"말 뒤에 감춰진 생각이
당신의 태도를 결정한다."

− 제프리 지토머

LITTLE GOLD BOOK
of
YES! ATTITUDE

제프리 지토머의 **2**
SALES MENTORING

예스YES로
승부하라

JEFFREY GITOMER'S LITTLE GOLD BOOK OF YES! ATTITUDE:
HOW TO FIND, BUILD, AND KEEP A YES! ATTITUDE FOR A LIFETIME OF SUCCESS
1st Edition, ISBN: 0131986473/9780131986473 by GITOMER, JEFFREY,
published by Pearson Education, Inc., publishing as FT Press, Copyright © 2007.
Korean language edition published by Academybook, Copyright © 2009.
Korean translation rights arranged with Pearson Education, Inc.,
publishing as FT Press through PLS Agency, Seoul.

제프리 지토머의 **2**
SALES MENTORING

예스YES로 승부하라

초판 1쇄 인쇄 2012년 11월 22일
초판 1쇄 발행 2012년 11월 27일

지은이 제프리 지토머
옮긴이 권혜아
펴낸이 양동현
펴낸곳 아카데미북
　　　　출판등록 제 13-493호
　　　　주소 136-034, 서울 성북구 동소문로13가길 27번지
　　　　전화 02) 927-2345 팩스 02) 927-3199

ISBN 978-89-5681-113-0(세트) 14320
ISBN 978-89-5681-116-1　　　　14320

www.iacademybook.com

제프리 지토머의 2
SALES MENTORING

예스YES로 승부하라

제프리 지토머 지음 · 권혜아 옮김

LITTLE GOLD BOOK
OF YES! ATTITUDE

아카데미북

긍정의 태도는 당신의 사고방식에 따라
결정된다. 부정의 태도 역시 마찬가지다.
이 책을 당신의 사고방식에 바친다.

"우리는 생각만으로도 충분히 날아오를 수 있다. 인생을 폭넓게 살려면 생각부터 넓혀라. 그리고 자신이 되고 싶은 모습을 항상 가슴에 품고 있어라."

−오리슨 스웨트 마든Orison Swett Marden

"할 수 있다고 생각하는 자가 해낸다."

−오리슨 스웨트 마든

"일 시작 단계에서 당신의 태도가 성공에 영향을 미친다."

−제프리 지토머

CONTENTS

Part 4 — **Yes! 태도 실행하기**

이 책을 읽는다고 해서 긍정적인 태도가 저절로 얻어지는 것은 아니다. 다만, 당신에게 영감을 주고, 당신의 위치를 알려 주고, 당신의 행동과 생각을 한 발 한 발 이끌어 마침내 당신의 태도에 대한 답을 찾아 줄 것이다.

1 PART

이 책의
활용 방법

미묘하게 다른
긍정 태도와 Yes! 태도

긍정적인 태도와 Yes!의 태도 둘 다 흠잡을 데 없이 훌륭하지만, 그래도 둘을 비교하자면 Yes! 태도가 긍정적인 태도보다 좀 더 강력하다고 볼 수 있다. Yes! 태도는 'No', 즉 부정적인 상황에서도 "Yes!"라고 말하는 여유를 의미하기 때문이다.

이 책의 문장들은 명령형의 문장이 많아서 불편하게 들릴 수도 있지만, 당신이 Yes! 태도를 갖도록 도와줄 것이다. 또한 이 책은 독자들의 기대를 충족시키고, 독자들이 그동안 품어 왔던 모든 질문에 'Yes!'라는 대답을 듣게 할 것이다.

사람들은 'Yes!'라는 대답을 듣고 싶어 한다. 당신이 스스로를 '예스맨'이라고 생각한다면 이미 긍정의 테두리 안에 있는 것이다. 어쩌면 이미 긍정적인 결과를 기대하고 있을지도 모른다.

이 책은 긍정적인 태도와 Yes!의 태도 모두 다루고 있다. 두 태도를 모두 살펴본 다음 긍정과 Yes!의 태도를 얻는 작전 계획도 세워 보고, 태도 변화를 위한 행동 지침까지 내려 줄 것이다. Yes! 태도를 영원히 유지하는 방법도 귀띔해 주고, 덤으로 사랑하는 사람에게 Yes! 태도를 전수하는 방법도 알려 줄 테니 기대하시라!

하지만 태도는 감상적이라는 사실을 알아야 한다!
사람들은 긍정적인 태도가 어리석다고 생각하기 때문에 긍정의 태도를 연구하는 사람이 얼마 되지 않는다. 그러나 긍정의 태도는 어리석은 것이 아니라 '감상적hokey'이다.
어리석음과 감상은 다르다. 어리석음은 어리석음으로 끝나지만 감상에는 타당성이 있다.

이 책을 통해 나에게 영향을 미쳤던 '태도의 거장'들의 명언을 당신과 나눌 것이다. 그런 말들이 어리석다고 생각되면, 당장 이 책을 덮어 버리거나 다른 사람에게 주어라. 하지만 누구에게 주었는지는 반드시 기억해야 한다. 이 책을 모두 읽은 사람은 무조건 성공할 것이므로!

오래 전에 출판된 태도에 관한 책, 그중에서도 가장 유명한 나폴레온 힐Napoleon Hill 《놓치고 싶지 않은 나의 꿈 나의 인생Think and Grow Rich》과 데일 카네기Dale Carnegie의 《인간관계론How to Win Friends & Influence People》을 읽어 본 독자라면 책들이 지나치게 감상적이라는 것을 알 수 있다.

'감상적'이라는 의미를 다른 시각에서 보면, 독자들이 쉽게 읽고 이해할 수 있는 내용이라는 뜻도 된다. 하지만 책 속에 담긴 내용을 어떻게 적용하느냐는 어려운 문제이다. 이 책에 담긴 내용을 적용하기에는 너무 '감상적'이라고 생각할지 모르지만 그 안에 비밀이 숨겨져 있다. 내용은 전혀 감상적이지 않다는 것! 내용이 굉장히 단순하고 쉽기 때문에 조금만 연습하면 당신도 이 책에 담긴 내용을 마스터할 수 있다.

이 책을 어떻게
활용할까?

이 책은 7개의 part로 구성되어 있다. 구체적인 목적을 위해 단계별로 구성된 part는 태도를 이해하고, 적용하는 방법, 태도를 능수능란하게 다루어서 마침내 긍정적인 태도를 평생 유지할 수 있게 도와줄 것이다.

"내가 그만 투덜대고 불평하지 말아야 한다는 걸 알아.
그런데 그 습관을 들이기까지 수년이 걸렸다고."

그러기 위해서는 일단 태도를 이해하고, 태도를 획득하기 위한 계획을
세워야 한다. 하지만 미리부터 걱정할 필요는 없다. 이 책을 읽고 매일!
행동으로 옮기면 된다.

수년에 걸쳐 당신의 태도가 망가졌다는 것을 기억하고, 이 책을 읽을 몇
시간을 허락하라. 그러면 어떻게 당신의 태도를 영원히 유지할 수 있는
지 깨닫게 된다.

'아하!' 하는 순간
조심하기

이 책을 읽다 보면 '아하!'라고 외치는 순간이 올 것이다. 태도에서 발생하는 영향력을 보고, 태도 셀프 테스트를 하면서 '아하!'를 외칠 수도 있다. 아니면 이 책에 소개된 놀랄 만한 정보 때문일 수도 있다. 어쨌든 무릎을 치며 깨달음을 얻었다고 느끼는 그런 순간이 당신에게도 찾아올 것이다.

바로 이때를 조심해야 한다! 이 순간 긍정의 태도가 '시작'되는 것이 아니다. 긍정의 태도를 '인식'한 것뿐이다.

또 한 가지 주의할 것이 있다. 바로 Yes! 태도다. 나는 'Yes! 태도'라는 말을 차별화하여 앞으로 책, 강의, 온라인 강의, 상품을 지속적으로 만들어 낼 예정이다.

조심해야 할 세 가지 이유를 말해 주겠다.

첫째, 먼저 허락을 받아라. 'Yes! 태도'라는 말을 쓰고 싶다면 반드시 나의 허락을 받아야 한다.

둘째, Yes! 태도를 더 배울 수 있는 기회가 있다. 나는 이미 Yes! 태도를 강의하고 있다. 개인과 단체 모두 환영하니 관심이 있다면 yes@gitomer.com으로 이메일을 보내 주기 바란다. 온라인 강의도 활발하게 진행되고 있다.

셋째, 사업 파트너가 될 수 있는 기회가 있다. 내가 생각해 내지 못한 아이디어가 있다면 언제든지 환영한다. 물론 그로 인해 발생하는 수입도 당신과 나눌 것이다.

나는 당신의 Yes! 태도를 돕기 위해 이 책을 썼다는 것을 알아주길 바란다. 이 책의 내용만 기억해도 당신의 사회생활과 사생활 모두 긍정적으로 변할 것이다. 그 순간이야말로 진정한 '깨달음'의 순간이다.

긍정적인 태도를
갖는 방법

날마다 태도에 관해 공부하고, 생각하고, 표현하라. 긍정적인 태도와 자기 계발에 관한 수백여 권의 책들은 하나같이 긍정적인 생각의 중요성을 강조한다. 하지만 긍정적인 태도를 얻기 위한 계획까지 담고 있는 책은 거의 없다.

계획은 매우 중요하다. 긍정적인 태도를 성취하기 위해 꼭 사용해야 할 도구도 '계획'이고, 이 책이 당신 손에 있는 이유도 '계획' 때문이다. 나는 당신에게 생각과 도구를 제공할 것이다. 당신은 이것들을 가지고 당신만의 긍정적인 태도와 Yes! 태도를 스스로 일궈 내야 한다. 그 일을 할 수 있는 사람은 내가 아닌 당신, 결과는 당신에게 달려 있다!

당신이 이 책을 계기로 내일 아침, 지구상에서 가장 행복한 표정으로 눈을 뜬다면 나는 더 이상 바랄 것이 없다. 설사 지난밤 태풍에 지붕이 날아가 버렸어도 행복한 표정을 지을 수 있는 사람이 되길 바란다.

"집이 불에 타 버리니

달을 더 선명하게 볼 수 있어 좋구나."

–도고의 격언
(또한 Yes! 태도를 표현한 말이기도 하다.)

태도와 관련된 강의 듣기

고객의 말에 귀 기울여야 하고, 고객과 소통해야 하고, 고객을 응대하는 직업이라면 당신의 태도가 100퍼센트 성공을 좌우한다. 그런데 왜 태도와 관련된 강의를 한 번도 들어 보지 않았는가?

태도에 관한 강의를 들어 보라. 외부 요인에 굴하지 않고 긍정의 길을 걷는 비결을 전수받을 수 있다.

나는 당신에게 "대박 인생에 첫 발을 내디딘 것을 축하합니다." 따위의 말은 하지 않는다. 다만, 그동안의 삶이 긍정의 장미로 가득하지 않았다는 사실을 지적할 것이다. 긍정의 장미를 들고 뛰어다니려면 가끔 가시에 찔리는 것도 감수해야 한다고 말할 것이다. 아얏!

당신은 이렇게 물을 수 있다. "제프리, 이 책을 읽으면 나도 긍정적인 태도를 갖게 될까요?"

나의 대답은 "No!"이다. 이 책을 읽기 전에 이미 긍정적 태도를 갖고 있다면 모를까!

그렇다고 실망할 건 없다. 이 책을 읽고 나면 최소한 지금보다는 나은 태도를 갖게 된다. 게다가 이 책은 당신이 평생 동안 Yes! 태도로 긍정의 길을 걷게 해 줄 간단명료한 답을 제시한다. 어떤 시련도 이겨 낼 수 있는 힘을 줄 것이다. 사다리를 열심히 타고 올라가는 당신의 엉덩이를 쭉 밀어 올려 사다리 꼭대기에 사뿐히 앉게 도와줄 것이다.

당신은 이 책에서 제공하는 자기 훈련과 행동 지침을 열심히 따라 하기만 하면 된다!

이 책은
만능이 아니다!

내가 어떻게 Yes! 태도를 갖게 될 수 있었는지, 말하고 보여 주는 것은 어려운 일이 아니다. 하지만 거기서 끝나면 아무 소용이 없다. 결론은 당신이 직접 공부해야 한다는 것이다. 직접 계획을 세우고, 마음속의 원칙을 항상 유념해야 한다. Yes! 태도를 생각하고, 말하고, 그렇게 살아라. 매일 매 순간을 그렇게 살아라.

하지만 이 책을 읽는다고 해서 긍정적인 태도가 저절로 얻어지는 것은 아니다. 책을 읽으면서 긍정적인 태도를 이해하게 되고, 다양한 연습문제를 통해 태도에 대한 지식을 얻고, 긍정적인 태도를 얻기 위한 필요조건을 충족시켜 나갈 수 있을 것이다.

누누이 말하지만 이 책을 읽는다고 해서 자기 훈련과 묘안이 저절로 얻어지는 것은 아니다. 당신의 노력으로 내면에서 이끌어 내야 한다.

내가 당신의 마음속으로 들어가 당신의 사고방식을 바꿔 줄 수는 없지만, 긍정적인 태도를 강의해 줄 수는 있다. 내가 스토커처럼 쫓아다니며 행동 하나하나를 바꿔 줄 수는 없지만, 당신이 더 나은 결정을 내릴 수 있도록 눈을 뜨게 만들어 줄 수는 있다. 이 책은 다음과 같은 능력을 갖고 있다.

당신에게 영감을 주고, 당신의 위치를 알려 주고, 당신의 행동과 생각을 한 발 한 발 이끌어 주고, 마침내 당신의 태도에 대한 답을 찾아 줄 것이다.

나는 당신의 태도를 바꿔 주지 못한다. 당신 스스로 태도를 변화시킬 수 있게 분위기를 만들어 줄 뿐이다.

"자네는 태도가 글러먹었어. 자네의 태도를 고치려고
이 도시에서 가장 뛰어난 외과 의사를 섭외해 왔네."

· 오늘 읽어라.

· 내일 공부하라.

· 매일 실행하라.

· 영원히 유지하라.

· 자주 언급하라.

만약 누군가 이 책을 빌리고 싶어 한다면 빌려 주지 말고 새 책을 사서 선물하라. 새 책을 사면 나의 웹사이트 www.gitomer.com에 있는 Git Bit 박스에서 Yes! 태도에 관한 새로운 정보를 무료로 볼 수 있다.

당신에게 드리는 약속

첫 번째 약속. 일단 당신이 올바른 행동을 시작하고, 올바른 선택, 올바른 반응을 보이기 시작하면, 올바른 태도를 성취하는 길이 당신 앞에 펼쳐질 것이다. 긍정적인 태도가 먼저, 그 다음이 Yes! 태도이다.

두 번째 약속. 올바른 행동과 반응, 선택이 당신의 생활에 자리를 잡으면, 영원히 끝나지 않는 Yes! 태도의 길을 걷게 될 것이다.

세 번째 약속. 당신에게 태도에 대한 통찰력과 이해, 그리고 태도에 대한 애정도 심어 줄 것이다. 하지만 이 모든 것을 실행에 옮겨야 할 주인공은 당신이라는 사실을 기억하라. 또 매일 실행해야 한다는 사실도!

유머, 신념, 더 잘하고 싶은 마음, 최고가 되고 싶은 욕망, 사고방식, 상황 대처 능력, 융화력, 자신의 능력을 되돌아볼 줄 아는 여유, 사물을 다른 관점에서 보는 눈, 이것이 바로 'Yes! 관점'이다.

2 PART

내면의 태도
들여다보기

긍정의 태도는
어디에서 비롯되는가?

긍정적인 태도는 내면에서 비롯된다. 긍정적인 태도는 당신에게 일어나는 일과는 아무런 상관이 없다. 대신 일을 받아들이는 당신의 태도, 일에 반응하는 당신의 방식이라고 할 수 있다.

결국 긍정적인 태도는 주변 환경과 상관없이 긍정적으로 사고하는 당신의 능력에 달려 있다.

하지만 그것도 100퍼센트라고 볼 수는 없다. 그래서 당신이 매 순간 긍정적인 태도를 가지려고 애써도 당신의 사고방식이나 취약점에 따라 기복이 생길 수 있다.

그러나 실망하기엔 이르다. 여러분들을 위해 내가 좋은 소식을 들고 왔다. 태도를 고치려고 노력할수록, 당신의 취약점은 점점 줄어든다.

성공하기 위해 긍정적인
태도가 얼마나 중요할까?
태도가 전부이고 모든 것의
원천이다.

태도에 관한 관점 중에서 가장 흥미로운 것이 바로 '순간성'이다. 순간성만이 부정적인 영향을 받는다. 예를 들어, 누군가로 인해 순식간에 화(화를 부정적인 것으로 볼 수 있다)가 날 수 있다.

하지만 긍정적인 태도를 얻기 위해서는 몇 년이 걸릴 수도 있다. 긍정적인 태도는 올바른 사고방식과 긍정적인 태도를 갖고자 하는 의지의 합작품이다. 물론 긍정적인 태도를 얻는 것이 쉽지는 않지만 일단 도전하라! 정말 가치 있는 도전이라는 것을 깨닫게 될 것이다.

Yes! 태도에
필요한 요소

결승점을 1등으로 통과하는 순간이나 야구 경기에서 이기는 순간을 상상해 보자. 혹은 오랫동안 매달려 왔던 중요한 일을 끝냈다든지, 꿈꿔 왔던 성공의 순간을 맞이하는 상상을 해 보자. 그리고 마지막에는 주먹을 하늘 높이 치켜들고 "Yes!"라고 소리치며 승리의 몸짓을 하는 당신의 모습을 상상해 보자.

머릿속에 그런 당신의 모습이 그려지는가? 정말 행복한 순간, 기쁘고 영광스러운 승리의 순간이다. 매우 긍정적인 순간이다. 그래서 당신도 모르게 "Yes!"라고 소리쳤을 것이다.

삶의 매 순간이 이렇게 좋기만 하다면 얼마나 좋을까? 그렇다면 무엇이 Yes!의 순간을 가로막는 것일까? 가장 결정적인 요인은 바로 당신이다! Yes!를 긍정적인 태도보다 더 이해하기 쉬운 것은 이미 당신이 Yes!의 순간을 여러 번 경험해 보았기 때문이다. 달리기에서 1등을 했을 때, 당신의 팀이 경기에서 승리했을 때, 월급이 올랐을 때, 고객이 늘었을 때, 당신은 "Yes!"를 외칠 것이다.

긍정적인 태도를 성취하기 위해 가장 중요한 것이 이와 같은 시각화이다.

Yes!는 긍정적인 태도보다 시각화하기가 훨씬 쉽다. 좋은 일이 생겼을 때 사람들은 "긍정적이야!"라고 외치지 않는다. "Yes!"라고 외친다. 이것이 Yes!의 태도를 얻기 위한 요소이다.

YES!의 태도는
선물이자 축복

성경책이 등장한 이래로 긍정의 태도는 계속해서 전파되어 왔다. 철학자나 신학자는 긍정의 생각, 긍정의 행동, 긍정의 태도를 수세기 동안 전파해 왔다.

특히, 자기 계발 전문가들은 긍정적인 태도의 미덕을 너무나 잘 알고 있어서 그에 관한 글이 수백만 개가 넘게 쏟아져 나오고, 기존에 있던 글을 재해석해서 내놓기도 했다.

긍정의 태도에 관한 정보가 이렇게 넘쳐 나니, 모든 사람들이 긍정의 태도를 갖고 있다고 생각할 수 있겠지만 천만의 말씀!

당신이 원하는 대로 읽고 들을 수 있지만 꼭 한 가지 명심할 것이 있다. 당신이 긍정적인 사람, 즉 긍정적으로 생각하고, 긍정적으로 행동하고, 긍정적으로 말하는 사람이 되기로 결심하지 않는다면, 당신의 태도는 절대 긍정적으로 변하지 않는다.

태도에 관한 자료들은 오랫동안 존재해 왔기 때문에 딱히 새로울 것도 없다. 하지만 이번 기회는 당신에게 신선하게 다가올 것이다. 왜냐고? 이 책을 읽으면서 태도를 고치려는 당신의 의지를 새롭게 다질 수 있기 때문이다.

그렇지만 당신은 '이 책을 읽는다고 나한테 좋을 게 뭐야?'라고 생각할 수도 있다. 이런! 당신은 벌써부터 부정적인 태도를 드러내고 있다.

생각을 바꿔 보는 건 어떤가? '이야, 이 책에 나오는 방법들을 나한테 적용하면 긍정적인 태도와 Yes! 태도를 한꺼번에 얻을 수 있겠어! 앞으로는 좋은 일들이 더 많이 생기겠는걸!'

어떤가? 벌써부터 기분이 좋아지지 않는가? 당신 자신에 대한 애정뿐 아니라 당신이 사랑하는 사람들, 직장 동료와 친구들, 당신의 직장, 당신의 경력, 당신의 인생에 대한 애정이 벌써 솟아나는 것 같지 않은가?

이 책을 읽어 나갈수록 점점 더 분명한 결정을 내릴 수 있을 것이다. 당신을 도와주는 사람도 생기고 행운도 따를 것이다. 그리고 지금 얻은 사람과 행운은 평생 사라지지 않을 것이다.

그러기 위해서는 할 일이 있다. Yes! 태도를 완벽하게 당신 것으로 만들고, 반드시 공부하고, 실천하고, 열정을 바쳐라!

나는 26세 때 Yes! 태도를 깨달았다. 그로부터 34년이 흐른 지금도 그 태도를 간직하고 있다. Yes! 태도는 내 중심에 존재한다. 그리고 당신의 중심에 존재할 수도 있다. 내가 앞서 말한 '아하!'의 순간을 맞이하기만 하면 된다. 일단 '아하!'의 순간을 맞이하면, 전혀 새로운 사고의 세계가 당신 앞에 활짝 열릴 것이다.

태도가 당신에게 달려 있다는 것을 깨달았다면, 공부하라. 즉, 다른 전문가들로부터 배우라는 말이다. 긍정적인 상황과 긍정적인 사람들에게 당신을 자꾸 노출하라. 그리고 Yes! 태도가 완벽하게 당신 것이 될 때까지 수행하라. 단순히 태도를 이해하는 것에서 그치지 말고, 긍정의 태도 속에 당신 자신을 풍덩 던져라! 당신의 몸과 마음 깊숙이 긍정의 태도가 스며들어 당신과 하나가 되어야 한다.

그 후에는 태도를 새롭게 하는 과정을 매일 겪어야 한다. 이 과정에는 끊임없는 열정과 헌신이 필요하다. 그렇다고 너무 어렵게 생각할 필요는 없다. 이 과정은 의외로 짧고 즐겁다. 매일 긍정의 태도를 새롭게 다지고, 긍정의 태도를 읽는 것, 그것이 전부이다.

태도는 스스로에게 줄 수 있는 가장 좋은 선물이다. 또한 스스로에게 줄 수 있는 가장 큰 축복이다.

긍정의 태도를 얻는다면 당신과 다른 사람들에게 영원히 감사하며 살게 될 것이다. 이 책을 읽는다고 나한테 좋을 게 뭐냐고? 바로 이게 좋은 점이다.

세상에서
가장 중요한 사람

나는 세미나를 할 때마다 한 사람을 지목해서 "빌, 지금 당신의 중요한 고객과 대화를 나누고 있습니다. 이때, 세상에서 가장 중요한 사람은 누구일까요?"라고 묻는다.

십중팔구 사람들은 "고객입니다."라고 대답한다. 나는 다시 묻는다. "정말 그런가요? 자, 지구상에 딱 두 사람, 당신과 그 중요한 고객만 남았다고 상상해 보십시오. 둘 중 한 명은 꼭 죽어야 한다면 누가 죽었으면 좋겠습니까?"

빌이 외쳤다. "고객이요!" "그렇군요. 빌, 당신이 세상에서 가장 중요한 사람이라는 사실을 지금 막 확인했습니다. 문제는, 당신이 대형 고객을 상대할 때는 여전히 그를 가장 중요한 사람이라고 생각한다는 것입니다."

고객을 어머니, 아버지, 형제, 자매, 선생님, 친구로 대체해서 생각해 볼 수도 있다. 모든 사람들은 자신이 세상에서 가장 중요한 사람이라는 느낌을 받고 싶어 한다. 그들이 그런 느낌을 받을 수 있게 만드는 것이 당신의 임무이다!

사람들의 이러한 심리를 파악해 기업에서 개발한 서비스가 바로 '고객 서비스'이다. 하지만 가족 관계 혹은 개인적인 관계는 더 섬세하게 다루어야 한다. 이 사람들은 당신과 평생을 함께 할 사람들이기 때문이다. 시간이 지나면서 당신의 태도가 사람들과의 관계에 조금씩 영향을 가져올 것이다. 당신의 태도나 대응에 따라 관계가 더 좋아질 수도, 혹은 나빠질 수도 있고, 아예 변화가 없을 수도 있다.

사람들은 실제로는 전혀 긍정적이지 않으면서 자신이 긍정적이라고 생각한다. 참으로 이상한 일이다. 사람들은 다른 사람이 아닌, 자신을 최

이 세상에서 가장 중요한 사람은
바로 당신이라는 사실을 아는 것,
이것이 Yes! 태도로 가는 핵심 단계이다.

−제프리 지토머

고로 섬기고 있나는 뜻에서 스스로를 긍정적인 사람이라고 여긴다.

<u>부정의 태도를 긍정의 태도로, 긍정의 태도를 Yes!의 태도로 변화시킬 수 있는 결정적인 방법은 다른 사람의 입장에서 생각해 보는 것이다.</u>

긍정적인 태도를 성취하는 비밀은 내면의 마음(스스로에 대해 느끼는 감정, 자존감, 당신이 되고 싶은 사람, 당신이 반응하거나 행동을 취하기 직전 떠오르는 생각)이다. 다른 사람들을 돕고 섬기는 것은 당신 스스로에 대해서도 이미 충분히 자신감이 있기 때문에 가능한 것이다.

긍정의 태도는 결국 당신 내면, 행동과 반응에 대한 당신 생각의 문제라는 것을 깨달았다면, 성공적인 첫 걸음을 내디딘 것과 다름없다.

전염성이 강한
긍정의 태도

긍정의 태도를 가진 사람은 다른 사람과는 다른 매력이 뿜어져 나온다. 긍정의 태도는 전염성이 강하기 때문에 다른 사람들을 전염시키기도 한다. 그렇다 해도 긍정 태도의 근원지는 바로 당신이며, 당신의 생각과 행동에 기초하여 긍정의 태도가 생겨난다는 사실을 잊어서는 안 된다.

긍정의 태도는 모든 것의 근원이다!

- 아침에 눈뜰 때의 기분
- 아침에 화장실에서 거울을 바라볼 때의 기분
- 배우자와 대화를 나눌 때의 기분
- 아이들과 대화를 나눌 때의 기분

· 직장으로 차를 타고 갈 때의 기분

· 직장에 도착할 때의 기분

· 직장 동료와 대화를 나눌 때의 기분

· 직장 상사와 대화를 나눌 때의 기분

· 고객과 대화를 나눌 때의 기분

당신의 기분은 주로 어떤 편인가? 올바른 태도를 가지고 있다면 당신의 기분은 항상 좋아야 한다.

1970년대 한때, 반지를 끼고 있는 사람의 마음에 따라 색이 변한다는 '무드 반지mood ring'라는 것이 유행했다. 너도 나도 할 것 없이 반지를 끼고 다녔다. 물론 나는 그 반지 가까이에 가지도 않았다.

모든 사람들이 무드 반지에 홀려 있을 때 내가 그 반지에 관심이 없었던

"내가 기분이 좋으면 무드 반지가 녹색으로 변해요. 화가 나면 오렌지색으로, 우울하면 파란색으로 변하는데 이상하게 오늘은 반지가 체크무늬네요. 오늘은 아무 기분도 아닌가 봐요."

이유는 매우 간단하다. 나는 내 기분을 잘 알고 있었기 때문이다. 나는 항상 기분이 좋았다!

만일 당신의 기분을 몰라서 당신의 기분을 체크해 봐야 한다면, 십중팔구 당신의 태도를 확인해 봐야 한다.

모든 사람은 행복하게 태어난다. 그러나 그 진리를 찾느라 허송세월을 보낸다.

긍정의 태도는 저절로 완성되는가? 절대로 아니다. 긍정의 태도는 긍정적으로 생각해야 완성된다. 긍정의 태도는 노력해야 완성된다.

태도는 오랜 시간에 걸쳐 형성된다. 가족, 환경, 친구, 그리고 무엇에 노출되어 있느냐에 따라 당신의 태도가 달라진다. 뿐만 아니라 학교에서의 경험, 친구와의 관계, 직장 생활, 그리고 삶 속에서 계속되고 있는 여러 경험과 상황들이 당신의 태도에 영향을 미친다.

여기서 얻을 수 있는 교훈이 있다. 불행한 가정에서 항상 부모의 꾸지람과 비평을 들으며 자란 사람에겐 행복이라는 감정 자체가 어색할 수 있다.

내면의 행복은 긍정적인 태도의 시작이지 긍정적인 태도의 성취는 아니다.

어떤 사람들은 Yes! 태도를 성취하기 위한 모든 요소들이 이미 자신들 내면에 있음을 안다. 하지만 사람들이 가지고 있는 부정성 때문에 이런 요소들이 수년 간 억눌려 왔을 것이다. 그렇다 해도 걱정할 필요는 없다. 당신의 견해와 관점을 바꾸기만 하면 Yes! 태도는 자연스럽게 따라온다. 당신은 이제 아래의 사항들을 깨달을 것이다.

- 태도는 당신의 환경이 아니라 당신의 선택에 달려 있다.
- 태도는 상황 그 자체에 대한 것이 아니라 상황에 대처하는 방법을 말한다.
- 당신의 선택과 대처 방법을 당신이 통제할 수 있다.

태도는 책을 한 번 읽고 나서 얻어지는 것이 아니다. 부정적 태도와 긍정적 태도, Yes! 태도의 차이를 확실하게 이해할 때까지 이 책을 충분히 읽어라!

긍정의 태도를
갖고 있는가?

당신의 태도를 인식하고 통찰해 보는 것
이 긍정의 태도로 가는 첫 단계이다. 그런데 대부분의 사람들은 '긍정의
태도'라는 말을 잘 받아들이지 못한다.

그도 그럴 것이 긍정적인 태도의 근본적인 요소들을 접해 본 적도 없거
니와 그 요소들을 찾으려고 노력해 본 적도 없으므로 어쩌면 당연한 결
과이다.

이 책을 읽고 있는 당신도 자신은 긍정적인 사람이라고 자부할 것이다.
하지만 그런 당신도 긍정적인 태도에 대한 강좌는 단 한 번도 들어 보지
않았을 것이다. 축배를 들라! 당신도 결국 대다수의 사람들과 다를 바
없음이 밝혀졌다!

조금만 더 파고들어가 보자. 태도에 따라 성공이 좌지우지될 확률은 얼

마나 될까? 글쎄, 아마도 엄청 많이, 그리고 80∼100퍼센트의 중간 정도
일 것이다.

그렇다면 성공의 80∼100퍼센트는 긍정적인 태도에 달려 있다는 얘기다.
그런데 아직까지도 제대로 된 트레이닝을 받지 않았단 말인가?

당신이 당장 수술을 받아야 해서 병원에 갔는데, 수술을 집도할 의사가
수술 훈련을 한 번도 받아 본 적 없이 자신은 잘 해낼 수 있다고 혼자 '생
각하'는 상황인 것이다. 이제 이해가 가는가?

사람들 모두 자신은 긍정적인 태도를 가지고 있다고 말하지만, 실제로 긍
정적인 태도를 가지고 있는 사람은 100명 중 단 한 명뿐이다.

다시 말하면 1퍼센트에 불과한 사람만이 긍정의 태도를 갖고 있는 것이
다. 당신이 이 1퍼센트에 들어가는지 궁금하다면 다음 페이지의 테스트
를 해 보자.

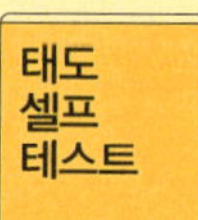

1. 긍정적인 태도가 무엇이라고 생각하는가?

내가 생각하는 긍정적인 태도는 ____

____

____

2. 긍정적인 태도에 따라 당신의 성공이 좌지우지될 확률은 얼마나 된다고 생각하는가?

※주의사항 각각의 항목은 100퍼센트를 넘을 수 없다. 따라서 총점은 400퍼센트를 넘을 수 없다.

· 다른 사람의 말에 귀를 기울였을 때   ___________ %

· 다른 사람과 의사소통을 잘했을 때   ___________ %

· 고객에게 완벽하게 시중을 들었을 때   ___________ %

· 내 일을 확실하게 해냈을 때   ___________ %

  합계   ___________ %

"관점을 바꾸면 좋지 않은 일도 새롭게 보인다네!"

3. 지금 당신이 가지고 있는 긍정적인 태도를 숫자로 평가한다면?

| 1 | 2 | 3 | 4 | 5 | 6 | 7 | 8 | 9 | 10 |

최저 점수　　　　　　　　　　　　　　　　　　　　　　　　　　최고 점수

4. 당신이 가지고 있는 태도가 함께 일하는 사람들에게 영향을 미치는가?

　　☐ 그렇다.　　　　　　　　☐ 아니다.

5. 긍정적인 태도에 관한 훈련을 몇 시간이나 받아 보았나?

　　· 초등학교　　＿＿＿＿＿＿＿＿ 시간,　☐ 한 번도 받아 본 적 없다.
　　· 중고등학교　＿＿＿＿＿＿＿＿ 시간,　☐ 한 번도 받아 본 적 없다.
　　· 대학교　　　＿＿＿＿＿＿＿＿ 시간,　☐ 한 번도 받아 본 적 없다.
　　· 직장　　　　＿＿＿＿＿＿＿＿ 시간,　☐ 한 번도 받아 본 적 없다.

1단계 테스트

당신의 현재 상황을 가장 잘 나타내는 숫자에 체크한다.

1=항상 그렇다. 2=자주 그렇다. 3=때때로 혹은 가끔씩 그렇다. 4=거의 그러지 않는다. 5=전혀 그러지 않는다.

1. 나는 뉴스를 본다.

1 ☐　　　　　2 ☐　　　　　3 ☐　　　　　4 ☐　　　　　5 ☐

2. 나는 뉴스에 대해 사람들과 대화를 나눈다.

1 ☐　　　　　2 ☐　　　　　3 ☐　　　　　4 ☐　　　　　5 ☐

3. 나는 대화를 나눈 내용, 혹은 날씨에 영향을 받는다.

| 1 ☐ | 2 ☐ | 3 ☐ | 4 ☐ | 5 ☐ |

4. 누군가에게 화가 나면 1시간 넘게 지속된다.

| 1 ☐ | 2 ☐ | 3 ☐ | 4 ☐ | 5 ☐ |

5. 일이 틀어지면 남 탓을 한다.

| 1 ☐ | 2 ☐ | 3 ☐ | 4 ☐ | 5 ☐ |

6. 일이 틀어지면 자책하면서 곱씹는다.

| 1 ☐ | 2 ☐ | 3 ☐ | 4 ☐ | 5 ☐ |

7. 개인적인 문제를 직장에서도 고민한다.

| 1 ☐ | 2 ☐ | 3 ☐ | 4 ☐ | 5 ☐ |

8. 직장에서 개인적인 문제를 말한다.

| 1 ☐ | 2 ☐ | 3 ☐ | 4 ☐ | 5 ☐ |

9. 직장에서 생긴 문제를 집에서도 고민한다.

| 1 ☐ | 2 ☐ | 3 ☐ | 4 ☐ | 5 ☐ |

2단계 테스트

당신의 현재 상황을 가장 잘 나타내는 숫자에 체크한다. 1단계 테스트와는 숫자가 반대이므로 주의해서 체크한다.

1=절대 아니다. 2=거의 아니다. 3=때때로 혹은 가끔씩 그렇다. 4=자주 그렇다. 5=항상 그렇다.

1. 나는 열정적인 사람이다.

| 1 ☐ | 2 ☐ | 3 ☐ | 4 ☐ | 5 ☐ |

2.   나는 행복한 사람이다.

1 ☐   2 ☐   3 ☐   4 ☐   5 ☐

3.   나는 모든 일에 긍정적인 면을 보려고 노력한다.

1 ☐   2 ☐   3 ☐   4 ☐   5 ☐

4.   나는 긍정적인 것에 관한 대화를 나눈다.

1 ☐   2 ☐   3 ☐   4 ☐   5 ☐

5.   내가 어떤 것/사람을 좋아하는 이유를 얘기한다.

1 ☐   2 ☐   3 ☐   4 ☐   5 ☐

6.   나쁜 일이 일어났을 때에도 회복할 기회를 찾는다.

1 ☐   2 ☐   3 ☐   4 ☐   5 ☐

7.   나에게 상처를 주거나 심리적으로 공격했던 사람들을 용서한다.

1 ☐   2 ☐   3 ☐   4 ☐   5 ☐

8.   칭찬할 말이 없으면 아무 말도 하지 않는다.

1 ☐   2 ☐   3 ☐   4 ☐   5 ☐

9.   스스로에게 용기를 북돋아 준다.

1 ☐   2 ☐   3 ☐   4 ☐   5 ☐

10. 긍정적인 말들을 사용한다. ('나는 못 해.' '안 될 거야.'라는 말은 되도록 쓰지 않는다.)

1 ☐   2 ☐   3 ☐   4 ☐   5 ☐

11. 나는 긍정적인 자아상을 가지고 있다.

1 ☐   2 ☐   3 ☐   4 ☐   5 ☐

12.   나는 긍정적인 태도를 선택하는 연습을 한다.

1 ☐   2 ☐   3 ☐   4 ☐   5 ☐

13.   바라거나 계산하지 않고 다른 사람을 돕는다.

1 ☐   2 ☐   3 ☐   4 ☐   5 ☐

14.   돈을 많이 버는 것보다 남을 돕는 것이 나에게 동기부여가 된다.

1 ☐   2 ☐   3 ☐   4 ☐   5 ☐

15.   나는 다른 사람들에게 성공할 것이라고 격려해 준다.

1 ☐   2 ☐   3 ☐   4 ☐   5 ☐

16.   내 자신과 내 삶에 만족한다.

1 ☐   2 ☐   3 ☐   4 ☐   5 ☐

17.   나는 매일 태도에 관한 공부를 한다.

1 ☐   2 ☐   3 ☐   4 ☐   5 ☐

18.   나는 태도에 관한 강의를 듣고 세미나에도 참석한다.

1 ☐   2 ☐   3 ☐   4 ☐   5 ☐

19.   나를 낙담시키려고 하는 사람, "너는 해낼 수 없어."라고 말하는 사람을 무시하려고 한다.

1 ☐   2 ☐   3 ☐   4 ☐   5 ☐

20.   내가 받은 감사한 일들을 매일 세 본다.

1 ☐   2 ☐   3 ☐   4 ☐   5 ☐

21.   나 자신을 믿는다.

1 ☐   2 ☐   3 ☐   4 ☐   5 ☐

▪ 테스트 점수를 계산해 보자.

테스트가 끝났다. 이제 당신의 태도를 점수로 계산해 보자.

첫째, 1단계에서 당신이 체크한 1의 개수를 세어서 옆 페이지의 ▪ 1단계 테스트 1×＿＿＿ = ＿＿＿에 있는 빈칸에 써 넣는다. 그런 다음에는 1단계에 서 체크한 2의 개수를 세어서 ▪ 1단계 테스트 2×＿＿＿ = ＿＿＿에 있는 빈칸에 써 넣는다. 같은 방법으로 5까지 한다. 2단계도 똑같이 한다.

총점을 계산하기 위해 왼쪽(1×, 2×)과 개수를 곱한다.

그런 다음, 맨 오른쪽 값을 더하면 1단계 총점과 2단계 총점이 나온다. 1단계 총점과 2단계 총점을 더하면 당신의 태도 총점이 나온다.

예를 들어 1단계 테스트에서 2를 4번 선택했고, 4를 2번 선택했고, 5를 3번 선택했다면, 2×____ 빈칸에 4를 써 넣고, 4×____ 빈칸에 2를 써 넣고, 5×____ 빈칸에는 3을 써 넣는다. 1과 3은 없으므로 1×____ = ____과 3×____ = ____에는 0을 쓴다. 각 줄을 곱한 후에 더하면, (1×0=0)+(2×4=8)+(3×0=0)+(4×2=8)+(5×3=15)라는 식이 나온다. 이 값을 모두 더하면(0+8+0+8+15=31) 1단계 테스트의 총점은 31이 나온다.

■ 1단계 테스트	■ 2단계 테스트
1×_________ = _________	1×_________ = _________
2×_________ = _________	2×_________ = _________
3×_________ = _________	3×_________ = _________
4×_________ = _________	4×_________ = _________
5×_________ = _________	5×_________ = _________
1단계 총점 :	2단계 총점 :

태도 총점 :

당신의 태도는 얼마나 긍정적인가?

- **135~150** : 당신은 긍정적인 태도를 가지고 있다! 당신 자신을 최고라고 여기기 때문에 최고일 수 있는 것이다.

- **120~134** : 당신은 좋은 태도를 가지고 있으며, 태도를 한 단계 더 발전시키기 위해 필요한 것이 무엇인지 잘 알고 있다. 목표를 향해 달려가라!

- **75~119** : 당신과 대부분의 사람들이 이 점수대에 속해 있다. 당신은 자신이 긍정의 마음을 가졌다고 생각하지만, 사실은 그렇지 않다. 긍정적인 태도를 갖출 수 있도록 전문적인 도움이 필요하며, 매일 태도 학습을 해야 한다.

- **50~74** : 당신은 부정적인 태도를 가지고 있다. 이 책 외에 추가로 태도에 대한 책을 더 읽어야 한다. 직장과 사생활에서 가지고 있는 습관을 바꿔 보자. 포기하기엔 너무 이르다. 조금 더 노력하자!

- **29~49** : 당신이 이 점수대에 속한다면, 다른 점수대의 사람들보다 두 배는 더 노력해야 한다.

이 테스트 결과를 실생활에 어떻게 적용할까?
이 말은 곧 나의 태도를 어떻게 발전시킬까?

이 테스트에는 총 30개의 항목이 담겨 있다. 1단계 테스트에서 답변 1과 2에 체크했던 문제, 그리고 2단계 테스트에서 답변 1, 2, 3에 체크했던 문제들을 살펴보라. 이 부분이 바로 당신의 약점이다. 긍정적인 태도를 만드는 세밀한 계획에 이 약점들을 활용하라.
자, 이젠 날마다 긍정의 행동을 실행하는 일만 남았다!

뉴스를
멀리하라

사람들은 '시대에 뒤처지지 않으려고 뉴스를 시청한다.'고 말한다. 나에게 '시대에 뒤처지지 않는다.'는 것은 결국 '부정적으로 산다.'는 것과 같은 뜻이다.

거의 모든 뉴스는 부정적인 것들이다. 부정적인 뉴스에 지속적으로 노출되면, 뉴스를 통해 긍정적인 영향을 받을 리가 없다. 요즘이 어떤 시대인가? 1분 만에, 아니 30초 만에 필요한 뉴스를 인터넷에서 모두 접할 수 있는 시대 아닌가!

그것으로 충분하다. 나머지 시간에는 긍정의 태도와 스스로에게 투자하는 시간을 갖도록 한다.

이렇게 생각해 보자. 당신이 하루에 1시간씩 뉴스를 본다고 치면, 1년 중 15일은 부정의 태도로 보내는 것이다.

당신의 성공에 뉴스가 얼마나 중요한가? 뉴스를 보는 시간을 아껴서 그 시간에 어떤 일을 해야 당신의 인생 설계에 도움이 될까?

당신은 뉴스에 영향을 주는가? 아니면 당신이 뉴스로 인해 영향을 받는가? 어떤 방식으로든 당신이 뉴스에 영향을 미칠 수 없다면 뉴스에서 멀어지는 것이 최선의 방법이다.

당신이 **어떤 태도, 어떤 약
점**을 갖고 있는지 깨닫는
순간 **당신의 출발점**이 정
해지고, **앞으로 나아가는
방법**을 알게 된다.

창의적인 생각을 막는
부정적인 사건

누군가와 말다툼을 벌이고 5분 후에 '아까 저 얼간이한테 이렇게 말했어야 했는데!'라며 가슴을 쳐 본 경험이 있는가? 이런 경험을 모두 해 봤을 것이다. 말다툼 중에 상대방에게 딱 들어맞는 응수를 하지 못한 이유는 말다툼 자체가 부정적이기 때문이다. 부정적인 사건은 창의적인 생각을 차단한다.

부정적인 사건, 부정적인 생각, 부정적인 에너지는 긍정적인 생각, 긍정적인 힘보다 훨씬 강력하기 때문에 부정적인 것이 긍정적인 것으로 되려면 두 배의 에너지가 필요하다. 그래서 말다툼이 끝나면 사람들이 지치는 것이다.
부정적인 에너지와 부정적인 생각이 긍정적이고 창의적인 생각을 차단한다는 것을 명심하라!

부정적인 사람은 부정적인 사건보다 훨씬 해롭다.

말다툼은 10분 안에 끝나지만

사람은 몇 년씩 주변에서 얼쩡거릴 수 있기 때문이다.

−제프리 지토머

긍정과 부정 사이에 놓인 다리

사람들은 해낸 일보다 해내지 못한 일에 집중하는 경우가 많다.

"담당자를 연결할 수 없대." "부재중 전화를 보고 아무도 나에게 전화하지 않았어." "아무도 나를 고용하지 않을 거야." "늦잠을 자 버렸네!" "나는 건망증이 심해. 메모하는 것을 깜빡했어." "아무도 나한테 귀띔해 주지 않았어."

이렇게 되뇌면서 스스로를 불안하게 만들고는 시간이 충분하지 않았다고 핑계대거나 나름대로 최선을 다했다며 자위한다.

당신과 같은 상황에 있는 어떤 사람이 징징대고만 있다면 당신은 어떻게 하겠는가? 이 사람의 엄살을 다 받아 줄 것인가? 아니면 이 사람을 피해 버릴 것인가?

물어보나마나 대답은 뻔하지만 그보다 더 좋은 해결 방안이 있다. 긍정의 마음을 가질 것이냐 말 것이냐를 결정하는 것이다. 당신이 부정적인 결과를 기대하면 결과는 당연히 부정적일 것이다. 하지만 당신이 긍정적인 기대를 갖는다면 긍정적인 결과가 자연스럽게 따라올 것이다.

아래에 여덟 개의 행동 지침이 있다. "내 인생은 왜 이렇게 꼬이는 거야."에서 "인생은 아름다워!"라고 외치는 변화를 가져올 지침들이다.

첫째, 주변 환경 탓을 하지 마라. 비가 와서 그런 것도 아니고, 차에 이상이 있어서 그런 것도 아니고, 전화를 못 받아서 그런 것도 아니고, 물건을 잘못 사서 그런 것도 아니다. 문제는 바로 당신이다! 아무리 작고 사소한 행동이라도 결국 그 행동을 선택한 사람은 당신이다. 지금 처한 상황이 마음에 들지 않는다면 더 좋은 선택을 하라! 길이 마음에 안 든다면 길을 바꿔라. 주변 환경을 탓하는 대신 주위 환경을 바꿔라.

둘째, 남의 탓을 하지 말고 당신의 모습과 행동에 대해 책임을 져라. 그들 탓이 아니다!

셋째, 고객을 꿰고 있어라. 고객을 파악하는 것은 앞으로 일어날 문제를 예방하는 것과 같다. 고객이 부재중인가? 고객과 통화하기 편한 시간을 미리 알아 놓지 않은 당신 잘못이다. 고객과 통화하기 편한 시간을 반드시 알아 놓아라. 고객과의 약속 사항은 반드시 두 번 이상 확인한다.

넷째, 원하는 답을 얻을 때까지 계속해야 한다. 고객은 끈기 있는 세일즈맨을 존경한다. 고객에게 물건을 팔 때까지 다섯 번에서 열 번의 방문이 필요하다면, 이 과정을 잘 견뎌 낼 수 있는가? 당신의 대답이 "No!"일지라도 당신은 스스로의 위치만큼은 잘 파악하고 있는 것이다.

다섯째, 당신이 서 있는 곳, 당신이 반드시 있어야 할 곳을 알아야 한다. 시간 관리를 철저히 하라. 친구보다 고객과 점심 식사를 하면 시간을 아낄 수 있다. 모든 것을 완벽하게 기록해 두어라. 고객은 물론 잠재 고객의 근황에 대해 낱낱이 알고 있다면 많은 도움이 된다. 세일즈를 성사시킬 때까지 상황 파악에 치밀해야 한다.

여섯째, 날마다 기술을 단련하라. 책이든 동영상 강의든 세미나이든 어떤 것이든 좋다. 책을 많이 읽을수록 강의를 많이 들을수록 좋다. 하루에 최소 1시간 일주일에 7시간씩 1년 동안 투자하면 꽉 찬 9주 동안의 일정보다 훨씬 낫다.
아무 생각 없이 TV를 켤 때 지식 향상을 위해 할 수 있는 것이 무엇인지 다시 한 번 생각해 보라.

일곱째, 발생한 문제보다 해결 방안에 집중하라. 이미 벌어진 일을 붙잡고 늘어져 끙끙대는 대신 해결 방안을 모색하는 데 그 에너지를 사용하라. 내가 성공할 수 있었던 가장 큰 원동력도 해결 방안에 집중한 덕분이다.

당신이 장애물에 집착하면 모든 기회는 장애물을 동반하고 찾아온다. 문제에 집중하는 사이 당신의 기회는 이미 날아가고 있다.

여덟째, 생각한 다음 말하라. 생각 없이 말하는 사람은 자신이 뱉은 말을 후회하게 돼 있다. 다른 사람과 대화를 나눌 때 말을 하기 전, 재빨리 할 말을 생각해 보라. 상대방이 내 말을 어떻게 받아들일 것인가? 똑같은 말이라도 좀 더 긍정적으로 표현하는 방법이 있을까? 목표는 상대방으로부터 긍정적인 대답 혹은 반응을 이끌어 내는 것이다. 간단한 것처럼 보이지만 실제로는 가장 혹독한 자기 훈련이 필요하다. 이 과정을 몇 차례 직접 해 보고 나면 뜻밖의 결과에 놀랄 것이다.

태도 전환의 기회

당신 앞에 시멘트 가루와 물이 있다. 이 둘을 사용해 시멘트 덩어리를 만들어 무거운 짐을 이고 갈 수도 있고, 징검다리를 만들어 도약하는 기회로 활용할 수도 있다.

항상 그렇듯이 선택은 당신의 몫이다. 장애물에 집중하느라 기회를 놓치고 있는 것은 아닌가?

FREE GIT BIT

닭들이 왜 조지 워싱턴 다리the George Washington Bridge를 건넜는지 궁금한가요? www.gitomer. com에 접속해서 회원 등록을 한 다음 Git Bit 박스에 'CHICKEN'을 쳐 보세요.

자아 인식은 내면의 관심과 집중의 결과이다. 태도의 자아 인식은
자신의 사고방식과 세상에서 가장 중요한 자신에 대해 느끼는 감
정이다.

PART 3

YES! 태도
인식하기

자신부터
이해하라

먼저, 자신을 이해하는 것이 가장 중요하다. 다른 사람에게 반응하는 것은 두 번째 문제이다. 이것을 인식한다면, 올바른 반응의 기반은 당신의 내면에 존재한다는 사실을 쉽게 이해할 것이다.

차분히 생각을 집중하면 당신도 부정의 태도를 긍정의 태도로 쉽게 변화시킬 수 있다. 더 나아가 긍정의 태도를 'Yes! 태도'로 변화시킬 수도 있다. 당신의 사고방식만 바꿔도 가능한 일이다.

'상대방을 먼저 이해한 다음 이해시켜라.'

사람들은 이 말을 스티븐 코비Steven Covey가 했다고 생각한다. 그도 그럴 것이 스티븐 코비의 유명한 책 《성공하는 사람들의 7가지 습관Seven Habits of Highly Effective People》에 이 말이 나오기 때문에 그렇게 생각하는 것도 무리가 아니다. 하지만 조금 더 조사를 해 보면, 13세기에 살았던 아시시의 성인 프란치스코San Francesco d'Assisi가 처음으로 이 말을 했다는 것을 알 수 있다.

하지만 이 말은 앞뒤가 바뀌어 있다. 프란치스코 성인은 13세기 사람이다. 13세기 사람들이 뭘 알았겠는가? 스티븐 코비는 프란치스코 성인의 말을 그대로 베끼기만 했으니 더 말할 것도 없다.

자신을 이해하는 것이 먼저다. 자신을 알지 못하는데 어떻게 다른 사람을 이해할 수 있는가? 자신을 알지 못하면 다른 사람을 이해할 확률은 두 배로 낮아진다. 50피트 높이에 50피트나 되는 두꺼운 벽이 가로 놓여 있는 것이다.

스스로를 안다는 것은 자신만의 지혜이다. 자기 나름의 지혜를 깨달았다면 긍정적인 방법으로 활용하라.

태도에 영향을 미치는 감정 인식하기

감정이 태도에 영향을 미칠 수 있을까? 부정적인 감정을 생각해 보자. 부정적인 감정은 당신의 태도에 부정적인 영향을 가져오므로 성공도 그만큼 멀어진다. 믿거나 말거나, 사람이라면 누구나 부정적인 감정을 지니고 있다.

사람들의 마음속에는 긍정적인 태도를 방해하는 부정성을 품고 있다. 이런 부정성은 성공의 씨앗이 되는 긍정적인 감정에 집중하지 못하게 만든다.

모든 부정성에는 구제법이 있는데, 그것은 바로 긍정성으로 균형을 맞춰 부정성을 없애는 것이다. 나의 책 《세일즈 시크릿 열정Little Red Book of Sales Answers》을 보면, 부정성과 균형을 맞춰 부정성을 없애는 긍정성에 대해 나와 있다.

이제 스스로를 평가해 볼 시간이다. 부정적인(긍정적인) 감정들을 읽을 때마다 두려움이 부정적으로(긍정적으로) 당신에게 얼마나 영향을 미치는지 각각의 감정 옆에 숫자를 써 넣는다. 부정적인 감정 리스트에서는 10이 가장 부정적인 것이고, 긍정적인 감정 리스트에서는 10이 가장 긍정적인 것이다.

이번 테스트는 정답이 없다. 당신 스스로를 알아 가는 데 도움이 되는 자기인식 테스트이다. 먼저 자신을 알아야 앞으로 나아갈 방향과 자신을 향상시킬 수 있는 방법을 정확하게 알 수 있다.

부정적인 감정

_________ 1. 나는 두려움을 느낀다.

_________ 2. 나는 긴장한다.

_________ 3. 나는 거절당할 것 같다.

_________ 4. 나는 어떤 일을 할 때 미루거나 마지못해 하는 경향이 있다.

_________ 5. 나는 스스로를 합리화하거나 정당화한다.

_________ 6. 나는 나에 대한 의구심이 있다.

_________ 7. 나는 불안정하다.

_________ 8. 나는 망할 것 같다.

_________ 9. 나는 불행하다고 생각한다.

긍정적인 감정

_________ 1. 나는 자신감이 있다.

_________ 2. 나는 긍정적인 결과를 기대한다.

_________ 3. 나는 확신을 갖고 있다.

_________ 4. 나는 성취감을 느낀다.

_________ 5. 나는 이기고 있다고 생각한다.

_________ 6. 나는 성공할 것이라는 예감이 든다.

_________ 7. 나는 안정적인 사람이라고 생각한다.

_________ 8. 나는 즐거운 인생을 살고 있다.

_________ 9. 나는 행운아라고 생각한다.

다 아는 거네! vs.
얼마나 알고 있지?

당신은 이미 모든 것을 알고 있다. 하지만 실생활에서는 아는 것을 제대로 활용하지 못하고 있다.

바로 앞에서 했던 테스트를 보면 알겠지만, 18개의 감정 중에 당신이 모르는 감정이 있던가? 당신도 전부 알고 있는 감정들이다. 당신은 테스트를 하면서 고개를 끄덕이며 "그래, 내가 아는 감정이야. 이것도 내가 아는 감정이네."를 연신 외쳤을 것이다.

하지만 각 항목의 점수를 매기면서 '잘 아는' 것과 '경지에 오른' 것의 차이를 실감했을 것이다.

긍정적인 태도도 마찬가지다.
Yes!의 태도도 마찬가지다.
단순히 태도를 이해하고 인식하는 것에서 행동으로 옮기고 실생활에 적

잘난 척하는 사람들은
"내가 다 아는 거네." 하고는 지나쳐 버린다.
반면, 긍정적인 사람들은
"내가 얼마나 알고 있는 거지?"라고 자문하며
더 향상시킬 방법을 찾는

–제프리 지토머

용하려면 당신의 사고방식 또한 "이건 내가 아는 거야!"에서 "내가 얼마나 잘 알고 있는 거지?"로 바뀌어야 한다. 이보다 더 좋은 것은 "어떻게 하면 이것을 마스터할 수 있지?"여야 한다.

일단 "내가 이 부분을 얼마나 잘 알고 있지?"라고 생각하는 습관을 들이면 Yes!의 태도로 향하는 발걸음을 더 내디딘 것이다.

독서는
태도 인식의 필수 조건

책이 너무 많아 어떤 책을 먼저 읽어야 할지 모르겠다면 다음 네 권의 책으로 시작하라.

첫째, 나폴레온 힐의 《놓치고 싶지 않은 나의 꿈 나의 인생》

둘째, 데일 카네기의 《인간관계론》

셋째, 데일 카네기의 《자기관리론 How to Stop Worrying and Start Living》

넷째, 노먼 빈센트 필 Norman Vincent Peale 의 《적극적 사고방식 The Power of Positive Thinking》

나도 매일 긍정의 책을 2페이지씩 읽는다. 지난 30년 동안 하루도 빠짐 없이 매일 15분 동안 '태도 독서'를 해 왔다. 효과가 있는지 아직까지는 잘 모르겠지만 앞으로 35년은 더 해 보고 그때에도 효과가 없으면 그만

둘 작정이다.

또 한 가지, 데일 카네기 리더십 프로그램에 참여할 것을 권한다. 카네기 프로그램은 시대를 초월해 사랑받고 있으며, 이 프로그램으로 태도의 기초를 단단히 다질 수 있다.

하지만 나는 알고 있다. 당신이 태도 지침을 지금 당장, 그것도 공짜로 얻기를 바란다는 것을!

좋다! 당신을 위해서 아래에 21개의 태도 지침을 소개한다. 이 지침들은 내가 꼭 읽으라고 추천했던 책들에서 뽑아 온 것으로, 꼭꼭 씹어서 소화시켜야 할 마음의 양식이다.

이 지침들을 잘라서 보관하고, 복사하고, 잘 보이는 곳에 붙이고, 다른 사람과 나누어라. 그리고 당신의 '사고방식과 표현 방식'을 바꾸는 과정에서 당신만의 방법으로 소화시켜 활용하라.

아래의 21개 지침을 따르다 보면 "아하!" 하고 무릎을 치는 순간이 있을 것이다. 어떤 일이 벌어지거나 누군가 어떤 말을 했을 때 갑자기 21개의 지침이 전부 이해되면서 "아하!" 하고 무릎을 치는 그 순간이 분명 있을 것이다.

나도 아하!의 순간을 수년 전에 경험했다.

자기 계발의 선구자, 얼 나이팅게일Earl Nightingale의 테이프를 들으며 운전하고 있을 때였다. 얼의 전설적인 업적인 '다이렉트 라인Direct Line' 중 열정에 대한 내용이 담긴 테이프였다.

"열정enthusiasm은 '내재하는 신entheos'을 뜻하는 그리스어에 그 어원을 두고 있습니다."라고 얼이 강조했다.

아하! 그 순간, 태도에 대한 명언들과 지침들이 전부 딱딱 들어맞으며 한꺼번에 이해되었다. '자기 확신의 능력은 바로 당신의 내면에 존재한다. 자기 확신을 갈망한다면, 멀리서 찾지 마라.' 이런 말들이 바로 당신의 양식이 될 것이다.

1. 태도를 바꾸고 싶다면 먼저 주변 환경부터 바꿔라. 긍정적인 태도를 원한다면 당신을 긍정적인 환경에 노출시키고 긍정적인 사람들과 어울려라. 당신이 긍정의 태도를 얻고 싶다면 긍정성에 둘러싸여 긍정성과 함께 지내야 한다.

2. 당신은 승리하기 위해 태어났다. "승리하기 위해서는 계획을 세워야 한다. 승리하기 위해서는 준비를 해야 한다. 승리하기 위해서는 승리할 것이라고 믿어야 한다." 지그 지글러Zig Ziglar의 유명한 말이다.

3. "승리를 위한 준비가 없다면 승리를 향한 의지도 없는 것이다."
-미식축구의 전설적인 감독 빈스 롬바르디Vince Lombardi

4. 남들이 원하는 대로 계속 베풀면 당신이 원하는 모든 것을 얻을 수 있다.
많은 사람들이 한 말이다. 누가 이 말을 했는지는 중요하지 않다. 일단 실행하라!

5. 휴가 가기 전날과 같은 생산력과 집중력으로 매일매일을 살아라.
모든 일을 제때에 처리하라.

6. "너는 못해."라고 말하는 사람들을 무시하라. 사람들은 당신을 낙담시키려고 한다. 왜? 당신이 자신을 앞질러 나갈까 두렵기 때문이다. 사람들의 술수에 말려들지 마라.

7. **"칭찬할 말이 없으면 차라리 아무 말도 하지 마라."**

－어머니 세대 때부터 전해 오는 유명한 말

8. **문제가 생겼다고 징징댈 시간에 차라리 해결 방안을 모색하라.** 신세 한탄만 하지 말고, 어떻게 이 상황을 해결할지 생각하라.

9. **용서하고 앞으로 나아가라.** 복수심은 긍정성을 차단한다. 과거를 청산하지 않으면 안 좋은 일은 반복해서 일어난다.

10. **자신과의 대화는 긍정적인 결과를 가져온다.** 운동선수의 자기암시를 보라. 자신과의 대화는 긍정적인 실적을 기대하게 한다.

11. **당신이 그리는 자신의 모습은 무엇인가?** 당신이 그리는 모습대로 될 것이다. 머릿속에 긍정적인 모습을 그리고 매일 15분 동안 그 모습에 집중한다.

12. **평생 살면서 "No!"라는 말을 11만 6천 번쯤 들을 것이다.** 어쩌면 이보다 더 많이 들을 수도 있다. 그중 1000번의 "No!"만이라도 "Yes!"로 바꾼다면 세상은 당신 것이 된다.

13. **당신이 직장 밖에서 하는 일에 따라 직장에서 하는 일이 쉬워지거나 어려워진다.** 이런!

14. **약점 보강과 동시에 강점을 강화하라.** 더 나은 자기 계발을 위해 긍정성과 부정성을 하나로 합하라.

15. **실패는 한 사건의 결과일 뿐 사람이 실패한 것은 아니다.** 실패하더라도 실패와 나를 동일시하지 마라. 실패가 곧 '나'는 아니다.

16. **당신에게 '어떤' 일이 일어났느냐보다 일어난 일에 '어떻게' 반응하느냐가 더 중요하다.** 어디서 들어 본 말 같다고? 태도는 당신의 반응으로 자신을 증명해 보인다.

17. **당신이 마음만 먹는다면 장애물 속에서도 기회를 찾아낼 수 있다.** 축제를 여느냐 비탄에 빠지느냐는 오로지 당신의 선택이다.

18. **열심히 일한 자에게 복이 오나니!** 열심히 일하는 것만큼 긍정적인 환경과 결과를 가져오는 것도 없다.

19. **당신 수중에 1천만 원이 생긴다면 당신의 고민거리 몇 가지가 해결될까?** 내가 고민거리로 비탄에 빠져 있자 아버지가 나에게 물어본 질문이다. 돈으로 해결할 수 있는 고민이라면 태도만 다르게 가져도 해결할 수 있다.

20. **당신이 하는 말보다 그 말을 어떻게 하느냐가 더 중요하다.** 당신의 말투에 따라 분위기가 달라질 수 있다.

21. **당신은 세상 모든 사람들의 매니저가 아니다.** 당신의 고민거리가 해결되기 전에는 다른 사람의 문제를 해결해 주려고 하지 마라.

성공의 반은
당신의 태도

다른 사람에게 귀 기울이는 능력 · · · · · · · · · · · · · · 30%

상황에 적절하게 대응하는 능력 · · · · · · · · · · · 20%

당신의 태도 · 50%

그렇다면, 무엇이 효과적인 고객 서비스를 결정하는가?

고객에게 귀 기울이는 능력 · · · · · · · · · · · · · · 30%

고객의 요구에 대응하는 능력 · · · · · · · · · · · · 20%

당신의 태도 · 50%

성공의 절반은 당신의 태도에 달려 있음을 알 수 있다.
조금 더 파고들어 보자.

뛰어난 작업 수행 능력은
긍정적인 태도에서 시작된다.

-제프리 지토머

일부 국가시험위원회에서 사람들이 실패하는 이유를 발표했는데 그 결과는 놀라웠다.

20%	연습 부족, 현저히 떨어지는 작업 능력
15%	말하기와 글쓰기 능력 부족
15%	자질이 부족한 상사 또는 잘못된 경영
50%	태도

말도 안 된다는 생각이 들지 않는가?

사람들이 태도만 바꾸어도 성공할 확률이 50퍼센트 이상 높아지는 것이다. 얼 나이팅게일은 자신의 책 《가장 낯선 비밀The Strangest Secret》에서 긍정적인 태도에 대한 비밀을 밝혔다. 그것은 바로 "생각하는 대로 된다." 이다.

단, 이 비밀은 하루에 한 번씩 꾸준히 되새길 때에만 효과를 발휘하도록 만들어진 자아 훈련 방법이다. 언제, 무엇을 하든 이 간단한 원리만 기억하면 당신이 성공할 확률은 50퍼센트 이상 높아진다.

비즈니스에서
태도와 굶주림의 관계

좋은 음식을 먹고 싶은가? 싸구려 햄버거보다 쇠고기 안심 스테이크가 더 당기는가?

그 이유는 바로 이 간단한 법칙 때문이다. 좋은 태도를 가질수록 더 맛있는 음식을 먹을 수 있다. 좋은 태도를 가질수록 더 크게 성공할 수 있다. 좋은 태도를 가질수록 하루를 마쳤을 때 더 큰 만족감을 느낄 수 있다.

· 형편없는 태도는 형편없는 의사소통을 초래한다.

· 형편없는 의사소통은 형편없는 서비스를 초래한다.

· 형편없는 서비스에는 절대 고객이 생기지 않는다.

· 고객이 없으면 회사도 없어진다.

· 회사가 없어지면 직장도 없어진다.

· 직장이 없어지면 돈을 벌 수 없다.

· 돈이 없으면 음식을 살 수 없다.

비즈니스에서 태도와 사업 성공은 어떻게 연관되어 있는가?

· 긍정적인 사고방식은 긍정적인 태도를 가져온다.

· 긍정적인 태도는 Yes!의 태도를 가져온다.

· Yes!의 태도는 Yes! 커뮤니케이션을 가능케 한다.

· Yes! 커뮤니케이션은 훌륭한 고객 서비스를 가져온다.

· 훌륭한 고객 서비스는 충성스러운 고객을 만든다.

· 충성스러운 고객은 사업의 성공을 가져온다.

· 사업이 성공하면 이익을 낼 수 있다.

· 이익을 내면 월급을 받을 수 있다.

· 월급에 따라 당신의 생활 방식이 달라진다!

긍정적 사고방식과 생활 방식은
사생활과 사회적 성공을 동시에 가져온다.

−제프리 지토머

당신의 태도와 직장에서의 성과, 생활 방식이 모두 어우러져 당신의 성공을 이루어 낸다.

'성공'이 매력적인 이유는 사람들 각자의 관점에서 성공을 정의하기 때문이다. 태도가 성공의 결정적 역할을 하는 이유도 사람들 각자 자신의 성공 시기를 선택해야 하기 때문이다.

다른 누군가가 대신해서 성공을 정의하거나 성공 시기를 선택해 줄 수 없다. 당사자 자신이 선택해야 한다!

2퍼센트
부족할 때

1960년, 내가 열네 살 때 농구 코트에서 농구를 하다가 한 대학교의 농구 팀 코치를 만났다. 나는 코치에게 그의 멋진 3점 슛을 보여 달라고 졸랐다. 그는 농구공을 받아들고는 골대 밑으로 가더니 레이업슛을 성공시켰다.

"봤니? 농구 경기 중 99퍼센트는 바로 이 레이업슛으로 이긴단다. 레이업슛을 절대 놓쳐선 안 된다."

그는 퉁명스럽게 이 한마디를 던지고 유유히 사라졌다. 나는 왠지 속은 기분이 들었다.

하지만 20년이 지나고 나서 그의 말이 내가 살면서 배운 가장 값진 교훈이라는 것을 깨달았다.

기본에 충실하라. 99퍼센트의 성공은 기본을 다진 뒤에 이루어진다.

사업을 하면서 고객들을 상대하고 세일즈를 하는 일은 원자물리학이나 뇌 수술처럼 복잡하고 어려운 기술과는 아무런 상관이 없다.

대신 끊임없이 질문하라. 다른 사람을 돕고, 당신 자신과 당신의 상품, 회사에 대한 믿음을 잃지 마라. 모든 관계를 장기적으로 이어 가라. 그리고 일을 즐겨라! 내가 지금 말한 것들은 모두 기본적인 것들이다.

농구 경기에서 이기기 위해 반드시 프로 선수가 될 필요는 없다. 레이업 숏을 잘 던지고, 레이업숏을 절대 놓치지 않는다면 충분히 승산이 있다.

어느 날, 리처드 톰슨Richard Thompson이라는 한 남자로부터 다음과 같은 팩스를 받았다.

"긍정적인 태도와 기본을 갖추라는 당신의 칼럼 덕분에 큰 교훈을 깨달았습니다. 정말 감사합니다! 어젯밤 우리 아들의 농구 팀이 2점 차이로 아쉽게 지고 말았습니다. 아들 녀석의 게임을 보면서, 저 또한 고객을

할 수 있다고 생각하는가?
아니면 할 수 없다고 생각하는가?
어떻게 생각하든 당신이 생각하는 것이 정답이다.

-헨리 포드 Henry Ford

상대하고 물건을 팔면서 가장 쉬운 기본 슛(레이업슛)을 놓치고 있음을 깨달았습니다."

당신의 태도를 파악하라!

· 패배자나 갖는 태도 때문에 놓친 게임(고객 서비스와 판매 기회)이 과연 몇 개나 되는가?

· 승리의 기운을 조성하기 위해 다른 사람을 긍정적이고 우호적으로 대하는가?

· 게임의 기본에 충실하지 않아 놓쳐 버린 점수가 얼마나 되는가?

Yes와 No는 종이 한 장의 차이이다. 그 차이를 단숨에 날려 버려라.

FREE GIT BIT

긍정적인 태도를 갖기 위한 기본 규칙이 궁금한가요? www.gitomer.com에 접속해서 회원 등록을 한 다음 Git Bit 박스에 'FUNDAMENTALS'를 쳐 보세요.

부정적인 생각과 감정이 미치는 영향

당신의 태도에 영향을 미치는 것이 무엇인지 생각해 보자. 사람들의 태도를 좌우하는 결정적인 요소가 무엇인지 아는가? 당신이 생각하지 못할 정도로 정말 사소한 것들이다.

당신에게 부정적인 영향을 주는 것들을 생각해 보자.
또 당신에게 긍정적인 영향을 주는 것들도 생각해 보자.
당신의 태도에 영향을 주는 것 중의 99퍼센트가 '별것 아닌 일'에 속할 것이다. 하지만 '별것 아닌 일'도 문제가 발생하는 순간에는 '매우 큰일'처럼 느껴진다.
이런 사소한 일들이 당신의 태도를 망가트린다는 사실을 빨리 인식하고, 당신의 태도가 완전히 망가지기 전에 별것 아닌 일들을 떨쳐 버려야 한다.

부정적인 생각과 감정은 당신에게 어떤 영향을 주는가? 단지 부정적인 생각을 아주 조금 했을 뿐인데 당신에게 미치는 영향들을 본다면 조금 놀랄지도 모르겠다.

· 당신의 에너지를 좀먹는다.

· 긍정적인 생각을 차단한다.

· 스트레스를 유발한다.

· 쓸데없는 근심 걱정을 유발한다.

· 질병을 유발한다.

· 창의적인 생각을 차단한다.

· 실수를 유발한다.

· 생산성을 떨어뜨린다.

"부정성을 없애는 백신은 없나요? 제 직장 동료들 모두 부정성이라는 병에 걸린 것 같거든요. 그 병이 저한테도 옮을까 걱정돼요."

· 분노를 유발한다.

· 고통스러운 상황을 연장시킨다.

· 경청하는 자세에 영향을 미친다.

· 다른 사람과 의사소통하는 자세에 영향을 미친다.

· 다른 사람을 대하는 자세에 영향을 미친다.

· 인생의 재미를 앗아 간다.

긍정적인 태도를 망치는 것들

긍정적인 태도를 망치는 11개의 생각을 알려 주겠다. 긍정적인 태도를 망치는 이런 생각들은 모두 당신이 만들어 냈기 때문에 존재한다.

살다 보면 좋지 않은 일도 일어나게 마련이고, 마음에 들지 않는 사람도 있게 마련이다. 나쁜 일과 나쁜 사람이 당신의 태도에 영향을 미치도록 내버려 둘지 털어 버릴지는 당신에게 달려 있다.

1. 내가 잘못된 것은 다른 사람 탓이야.

2. 지금보다 더 많은 돈이 필요해.

3. 외부 환경이 나를 무너뜨려.

4. 외부에서 오는 압박감이 나에게 영향을 끼쳐.

5. 나는 참 운도 없지.

6. 지금 사는 곳이 마음에 들지 않아.

7. 배우자가 마음에 들지 않아.

8. 상사가 마음에 들지 않아.

9. 직장 동료들이 마음에 들지 않아.

10. 직장이 마음에 들지 않아.

11. 내 자신이 마음에 들지 않아.

계속해서 책장을 넘겨라. 고개를 크게 끄덕거릴 정도로 공감하는 내용들이 쏟아질 것이다. 당신의 태도에 영향을 미칠 수 있는 것들과 사람들에 관한 내용이 나올 것이다.

기억하라! 그들이 당신의 태도에 영향을 끼친 것은 당신이 그렇게 하도록 내버려 두었기 때문이다.

·응원하는 팀의 패배

·투덜거림

·자녀의 아픔

·차의 흠집 발견

·경미한 자동차 사고

·과체중

·죄책감

·날씨

·실연

·긴 줄 기다리기

·관심 받지 못하는 것

·약속 시간을 지키지 않는 사람

·감기

·과속 딱지

·교통 혼잡

·물건 분실

·방문하고 싶지 않은 사람 방문하기

·냉소적인 것들

·엉망인 서비스

·직장에서 좋지 않은 일진

·하고 싶지 않은 일을 하는 것

·내 방식대로 되지 않는 것

·의기소침하고 시무룩해지는 것

·자신에게 매력을 느끼지 못하는 것

·사람들과 어울리지 못하는 것

·하기 싫은 일을 나에게 시키는 것

·싫어하는 사람들과 어울리기

·음식점에서 원하는 음식을 먹지 못하는 것

·좋은 일이 생기지 않는 이유만 생각하는 것

태도 망침을
극복하라

살다 보면 나도 모르게 욕이 튀어나오고 미간이 저절로 찌푸려지는 일도 생긴다. 나와 부딪치는 사람들이 문제가 되기도 하고, 가끔은 정말 뭐 같은 사람들을 만나기도 한다.

그런 사람 혹은 사건이 긍정의 태도뿐 아니라 당신 자신까지도 망가뜨릴 수 있다. 반대로 긍정적인 대응으로 당신이 성장하는 계기가 될 수도 있다. 하지만 사람들이 자동 반사적으로 보이는 반응은 안타깝게도 부정적이다. 그렇다면 긍정적인 태도를 유지할 수 있는 비결은?

말하기 전에 한 번 더 생각하고 질문하는 것이다. 사소한 일에 자꾸 반응하고, 당신 인생에 끼어드는 부정적인 사람에게 신경을 쓰는 것, 이것이 태도를 망가뜨리는 치명적인 원인이 되기도 한다.

문제는 비도 눈도

상사도 경쟁 상대도

배우자도 직장도 아이들도 아니다.

문제는 바로 당신이다.

언제나 문제는 당신이었다!

-제프리 지토머

천성이 부정적이라도 사고방식과 행동을 바꾸면 긍정적인 사람으로 다시 태어날 수 있다. 부정적인 에너지는 항상 외부에서 온다는 사실을 깨달으면 부정적인 에너지를 다루기가 한결 쉬워진다.

태도 망침을 극복하는 긍정적 태도와 Yes! 태도

· 정해진 사항도 언제든 바꿀 수 있다.

· 사소한 성공도 지속적으로 유지한다.

· 무엇이든 재미있다.

· 성공한 사람들과 어울린다.

· 개인 명상과 산책을 한다.

· 무엇이든 영감을 얻을 수 있다.

· 어떤 것에서도 동기부여가 된다.

· 자신과 긍정적인 대화를 나눈다.

· 친절함으로 사람들을 매료시킨다.

· 바라지 않고 사람들을 돕는다.

· 교육적인 일을 한다.

· 무작위 선행을 베푼다.

· 열정을 갖고 있는 일을 한다.

· 날마다 작은 목표를 성취한다.

· 아이들과 대화를 나눈다.

긍정적 인식이
행동을 바꾼다

다음의 네 가지를 긍정적으로 인식해야

행동을 바꿀 수 있다.

첫째, 나 자신을 받아들이는 태도

이기적으로 되어야 한다. 당신의 태도가 먼저다. 비행기에 타면 기내 방

송에서도 나오지 않는가. '다른 사람을 돕기 전에 먼저 당신의 산소마스

크부터 챙기세요.' 태도도 마찬가지다.

이기적이어야 한다. 무슨 일이든 당신을 위해서 하라. '이기적'이라고 해

서 꼭 부정적으로 받아들일 필요는 없다. "이건 내 공이야. 내 것이니까

집으로 가져갈 거야."라는 식의 부정적 이기심이 아니다. 긍정적인 방향

으로 이기적이어야 한다.

긍정적 이기심은 이렇게 말한다. "내가 이 일을 하는 이유는 다른 사람

이 아니라 내 자신을 위해서야. 내 기분이 좋아지거든."

또 이렇게 말하기도 한다. "내가 다른 사람을 돕는 것은 내 기분이 좋아지기 때문이야."

긍정적 이기심은 이렇게도 말한다. "내가 이 책을 읽는 이유는 내 행동이 더 나아지기 때문이지."

긍정적 이기심이란 이런 것이다. "나를 위해 최고의 태도를 갖고 싶어. 내가 최고의 사람이 되어서 다른 사람을 도울 수 있거든."

둘째, 다른 사람을 대하는 태도

누군가의 성격에 대해 설명할 때 어떤 식으로 이야기하는가?

누군가 당신에게 "빌은 어떤 사람이야?"라고 묻는다면, 빌이 잘하지 못하는 것이나 부족한 점을 꼬집어 말하는가?

정말 드물게 칭찬으로 입을 여는 경우도 있겠지만 결국에는 '그런데……' 하면서 안 좋은 면을 들춰 낼 것이다. 이런 식이다. "빌? 정말 좋은 사람이지. 그런데 술을 너무 많이 마셔."

사람들은 다른 사람들을 깎아내려 그들을 밟고 올라서려고 한다. 이것을 '제3자를 통한 제한적인 자아상'이라고 부른다. 이런 식이다. "내가 빌보다는 낫지. 그러니까 빌을 나쁘게 말해도 되는 거야."

인식 과정에서 중요한 것

다른 사람에 관해 험담하는 버릇은 하루아침에 생긴 것이 아니다. 너

칭찬할 말이 없으면
차라리 아무 말도 마라.

-플로렌스 지토머 (나의 어머니)

무 오래된 습관이라 자동적으로 험담이 튀어나오는 지경에 이르렀을 것이다.

당신이 누군가에 대해 이야기를 할 때 그 사람이 자리에 없는 경우, 그리고 그 사람이 자리에 있는 경우, 어떻게 이야기를 하는가?

자리에 없는 사람에 대해서 말할 때 대부분의 사람들은 부정적인 말을 쏟아 낸다. 하지만 그 사람이 자리에 있으면 신기하게도 그와 비슷한 말조차 꺼내지 않는다!

내 규칙은 간단하다. 상대방 면전에서 하지 못할 말을 왜 뒤에서 수군대는가?

내가 든 예는 아주 단편적인 것이지만, 당신의 삶 속에 부정성과 부정적인 대화가 얼마나 크게 자리하고 있는지 알려 준다.

셋째, 사물을 바라보는 태도

어떤 상황이나 사물을 설명할 때 당신의 태도는 어떠한가?

지난 몇 년간 당신이 산 물건들을 쭉 생각해 보자. 그중에 어떤 것들이 당신에게 '장기적인' 행복을 주었는가? 다양한 물건들 대부분이 당신에게 '순간적인' 행복만을 주었을 것이다. '장기적인' 행복은 물건 또는 물질에서 오는 것이 아니다. 당신의 태도에서 오는 것이다.

물건에만 온 신경을 집중하면 내면을 채우는 긍정적인 것들 대신 물건을 향한 집착이 자리한다. 물질적인 것에 집착하는 사람들은 그 물건을 손에 넣으려고 태도를 다지기 위해 꼭 거쳐야 할 단계를 무시하고 지름 길을 택한다. 장기적인 태도를 순간적인 자기만족과 맞바꾸는 것이다.

인터넷 때문에 이런 사람들이 더욱 늘어났다. 원하는 것을 바로바로 얻을 수 있게 된 것이다. 인터넷이 발달하면서 원하는 물건을 사려고 백화점이나 상점을 기웃거릴 필요가 없어졌다. 버튼만 한 번 클릭하면 원하는 것을 살 수 있다. 클릭 한 번으로 물건을 얻는 것보다 클릭 한 번으로 좋은 태도를 얻고, 지식을 습득하면 더 좋지 않을까? 클릭 한 번으로 더 성공적으로 되고 클릭 한 번으로 내면이 충만해진다면?

현실 속에서 클릭 한 번으로 이 모든 것이 이루어지는 것은 불가능하다. 이 사실을 인정한 다음 물질에 대한 집착을 버리고 꾸준히 공부하면, 어느 순간 당신의 태도도 클릭 한 번에 껑충 성장하는 순간이 온다. 당신이 그토록 얻고자 했던 것들도 눈앞에 펼쳐질 것이다.

넷째, 태도를 인식하고 또 인식하라.

당신의 태도는 매일 시험에 들 것이다.

살다 보면 꼭 일어나는 일들이 있다. 병이 나기도 하고, 구질구질하게 헤어지기도 하고, 가벼운 사고를 당하기도 하고, 거절을 당하기도 한다. 게임에 지기도 하고, 논쟁을 하기도 하고, 상당한 돈을 잃기도 한다. 또, 여러 가지 불만 사항, 뜻대로 되지 않는 일들이 당신을 좌절시킬 수 있다.

누구든 마음만 먹으면 좋은 태도로 멋진 하루를 보낼 수 있다. 누구든 마음만 먹으면 더 좋은 태도로 더 멋진 하루를 보낼 수 있다. 안 좋은 일이 일어난 직후, 또는 하루 일과가 좋지 않을 때나 하루 일과가 좋지 않을 것 같은 느낌을 받을 때 긍정적 태도 또는 Yes!의 태도를 발휘해야겠다는 결단력이 필요하다.

일이 잘못되더라도 당신은 옳은 일을 하라.
나쁜 일이 일어나더라도 당신은 좋은 일을 하라.
부정적인 일이 일어나도 긍정적으로 생각하라.
사람들이 "No!"라고 말할 때에도 "Yes!"라고 말할 수 있는 소신을 가져라.

지금까지 긍정적 태도와 부정적 태도 두 가지를 인식하기 위해 필요한 네 개의 요소를 알려 주었다. 그리고 당신의 태도가 얼마나 긍정적인지 테스트도 해 보았다. 지금쯤이면 긍정적인 태도가 무엇인지, 당신의 긍정성은 어디쯤에 있는지 충분히 파악했을 것이다.

긍정적인 태도를 가진 사람이 되어라. 긍정 태도의 표본이 되어라. 지금까지 태도의 진가, 그리고 태도를 위해 당신에게 필요한 것들을 배웠다. 이제 배운 것을 행동으로 옮길 차례다!

4 PART

YES! 태도
실행하기

지금 당장
할 수 있는 행동들

다음에 나오는 것들은 지금 당장 할 수 있는 행동들이며, 아마 당신 어머니로부터 천만 번도 넘게 들었던 말일 것이다.

· 마음을 곱게 가져라.

· 다른 사람들을 칭찬해라.

· 친절해져라.

· 책임감을 가져라.

· 웃어라.

· 직업을 자랑스럽게 여겨라.

· 친구를 사귀어라.

· 성과를 자랑스럽게 여겨라.

· 좋은 말을 해리.

· 걱정은 그만하고 행복해져라!

어머니가 아직 살아 계시다면 지금 당장 어머니에게 전화를 드려 당신의 마음에 긍정의 씨앗을 뿌려 주어 감사하다고 전하라. 어머니가 긍정의 씨앗을 뿌릴 때 잔소리 좀 그만하라고 불평한 것도 사과 드려라.

내가 그랬듯이 당신도 나이를 먹어 가면서 부모님이 정말 대단하게 보일 것이다. 할 수 있을 때 마음껏 부모님에게 감사하라. 부모님은 당신을 기다려 주지 않는다.

YES! 태도로
대화하기

"죄송합니다."라는 말 대신 "감사합니다."라는 말을 사용하라. 당신에게 소리를 지르거나 잘못을 따지는 사람이 있다면, 그 사람을 원망하거나 "죄송합니다."라고 말하는 대신 "감사합니다."라고 말하라.

누군가 당신에게 일이 잘못되었다고 고함을 꽥꽥 지른다고 생각해 보자. 그리 좋은 기분은 아닐 것이다. 사람들은 이런 상황에 처했을 때 자기 자신을 방어하거나 다른 사람을 탓하거나 정중하게 사과한다. 하지만 Yes!의 태도를 가진 사람이라면 절대 용납할 수 없는 일이다.

당신이 이렇게 말한다고 해 보자. "감사합니다. 이렇게 관심을 가져 주시니 정말 감사합니다. 문제점을 알려 주셨으니 당장 그 문제를 고치도록

하겠습니다." 당신의 말 속에는 분명한 사과의 의미, 문제점을 고치겠다는 의지, 넘쳐 나는 자신감이 담겨 있다. 긍정의 행동으로 당신의 태도를 보인 것이다.

하지만 "죄송합니다."라는 말은 그냥 그 상황을 유지하겠다는 말과 같다. "죄송합니다."라는 말보다는 "사과 드립니다."라는 표현이 더 좋지만 사과하는 것 역시 즉시 문제점을 고치겠다는 뜻은 아니다. "감사합니다."라는 말은 실수 혹은 잘못을 인정한다는 뜻이므로 잘못을 개선하겠다는 행동 의지가 담겨 있는 것이다.

"감사합니다."를 대신할 수 있는 또 다른 방법은 질문을 하는 것이다. 역시 질문을 할 때에도 감사 드린다는 말로 운을 떼는 것이 좋다. 예를 든다면 이렇게 말하는 것이다. "제게 문제점을 알려 주셔서 정말 감사합니다. 제가 최선책을 찾을 수 있도록 어떻게 이런 결과가 나왔는지 알려 주시겠습니까?"
이 전략을 쓴다면 일이 잘못된 과정에 대해 상대방이 생각하게 만들어 좀 더 의미 있는 대화를 나눌 수 있다.

두 가지 중 어떤 것을 쓰든 "감사합니다."는 "죄송합니다."보다 훨씬 더 큰 힘을 가지고 있다. 감사하다는 말로 3초 만에 부정성을 긍정성으로 변화시킬 수 있다.

Yes! 태도를 가진 사람은 "죄송합니다." 대신

"감사합니다."라고 말한다.

−제프리 지토머

이 교훈이 정말 유익한 것은 이 전략을 당신의 자녀에게도 전수할 수 있기 때문이다. 정말 대단하다!

"죄송합니다." 대신 "감사합니다."라는 말을 사용하면,

· 스스로도 놀라운 일이 생길 것이다.

· 진실에 더 다가갈 수 있다.

· 당신은 더 나은 사람이 된다.

· 다른 사람이 당신을 우러러본다.

앞에서 나는 얼 나이팅게일의 《가장 낯선 비밀》의 메시지를 인용했다. "생각하는 대로 된다."이다. 여기서 내가 언급하지 않은 것이 있다. 바로 "말하는 대로 된다."는 것!

몇 마디만으로도 상대방의 태도를 알아차릴 수 있다. 상대방이 당신의 말을 어떻게 받아들이는지 관찰하면 상대방이 당신을 어떻게 생각하는지 금방 알 수 있다. 당신의 말은 당신의 태도를 대변한다. 당신이 입을 여는 순간 Yes! 태도가 당신을 인도하는 것이다.

Yes! 태도로 대화를 이끌어 갈 수 있는 표현들이 있다.
누군가 당신에게 부탁이나 질문을 하거나 계속 불평을 늘어놓는다고 생각해 보자. 상대방에게 답하기 전에 다음과 같은 표현으로 운을 떼는

것이다.

- · 대단한데!

- · 내가 도울 수 있을 거 같아!

- · 까짓 거 괜찮아!

- · 그래, Yes!

- · 그 문제는 내가 잘 알지!

- · 좋은데!

- · 이렇게 하면 해결할 수 있을 것 같은데.

- · 할 수 있어!

- · 이런 방법도 있어.

- · 당연히 해 줘야지!

위와 같은 말을 할 때에는 부드러운 말투(당신이 듣고 싶은 말투)로 하는 것이 중요하다. 상대방에게 질문을 던져도 좋다. 부정적인 말만 아니라면 어떤 것이라도 좋다.

당신이 부정적으로 생각하든 긍정적으로 생각하든, 그것은 당신의 선택에 달려 있다. 하지만 부정성은 사람의 본능이므로 긍정적인 생각을 하려면 날마다 자기 훈련을 하고 연구해야 한다. 마찬가지로 긍정적 태도를 얻기 위해서는 몸으로, 입으로, 정신적으로 실행해야 한다. 긍정의 길을 걸을 수 있게 도와줄 16개의 행동 지침을 소개한다.

1. **남 탓하지 말고 자신의 잘못임을 인정하라.** 다른 사람 탓을 할수록 긍정적 사고와 긍정적 해결 방안, 긍정적 행동과는 점점 멀어진다. 책임을 전가하지 말고 스스로 책임을 져라.

2. **당신에게는 항상 선택권이 있음을 명심하라.** 태도는 선택이다. 그리고 대부분의 사람들은 부정적인 것을 선택한다. 왜 그럴까? 내 잘못을 인정하고 책임을 지는 것보다 다른 사람을 탓하고 나를 방어하는 것이 사람의 본능이기 때문이다.

3. **괜찮다고 생각하면 괜찮아지고, 괜찮지 않다고 생각하면 괜찮아지지 않는다.** 생각이 태도의 방향을 결정한다. "이거 낭패로군. 왜 나한테는 항상 이런 일들만 생기는 거야?"라고 생각하는 것 역시 당신의 선택이다. "와우! 좋은 일은 아니지만 이 일을 통해 배운 것이 많아."라고 생각한다면 당신은 Yes!의 길을 선택한 것이다.

4. **시간을 흘려보내지 말고 투자하라.** 조잡한 지역 뉴스 따위는 가볍게 무시하라. 대신 알찬 프로젝트를 찾아다니거나 세일즈 계획을 세우거나 구매력 있는 고객을 만나라. 하루에 1시간만 한 가지 일에 투자하면 5년 내에 그 분야의 전문가가 될 수 있다. 그렇다면 과연 무엇에 시간을 투자해야 할까? 대부분의 사람들이 조잡한 지역 뉴스 전문가나 재방송 프로그램의 달인이 되는 것은 참으로 안타까운 일이다. 나는 어떠냐고? 나는 당신이 TV를 보면서 무심코 시간을 낭비할 때 독서하고 글을 쓴다. 기억하라, 뉴스는 부정성이고 책은 긍정성이다.

5. **긍정적인 사람들의 글과 생각을 연구하라.** 나폴레온 힐의 《놓치고 싶지 않은 나의 꿈 나의 인생》을 읽어라. 이미 읽었다면 한 번 더 읽어라. 그 다음에는 노먼 빈센트 필의 《적극적 사고방식》을 읽거나 그의 강의를 들어라. 노먼의 말은 값을 매길 수 없을 만큼 값지고 시대를 초월할 만큼 소중하다. 그의 언어를 당신만의 언어로 바꿔 성공의 밑거름으로 사용하라. 지그 지글러, 데니스 웨이틀리Dennis Waitely, 웨인 다이어Wayne Dyer와 같은 긍정적 사상가들의 오디오 강의를 들어라. 매일 조금씩 듣는 것이 중요하다.

6. **세미나에 참석하고 태도 수업에 참여하라.** 최고의 프로그램부터 시작하라. 데일 카네기 프로그램에 등록하라. 태도 수업을 들을 때 가장 어려운 것이 좋은 프로그램을 찾는 것이다. 태도를 전문적으로 가르치는 과목이 있는 대학교가 있는지 전 세계를 다 뒤져 보라. 당신의 시간은 소중하니까 내가 결정적인 정보를 흘리겠다. 단 한 군데도 없다! 그러니 더 좋은 프로그램 찾는다고 시간 낭비하지 말고 카네기 프로그램에 등록하도록!

7. **말투를 확인하라.** "물이 반밖에 없네."라고 말하는가? 아니면 "물이 반이나 차 있네."라고 말하는가? "부분적으로 구름이 꼈다."라고 말하는가? 아니면 "부분적으로 맑다."라고 말하는가? 말은 당신의 사고방식을 반영한다는 사실을 잊지 마라.

8. **부정적인 말을 삼가라.** "왜?" "못 해." "안 될 거야." 이런 말들은 그야말로 최악이다. 터널 양쪽에는 두 시작점이 있는 것이지 두 끝점이 있는 것이 아니다.

9. **당신이 어떤 것(사람)을 좋아하는 이유를 말하라.** "나는 내 일이 좋다. 왜냐하면……." "나는 내 태도가 마음에 든다. 그 이유는……." "나는 내 가족을 사랑한다. 왜냐하면……." 긍정적인 면에서 바라보는 습관이 들면 당신의 인생이 송두리째 바뀐다.

10. **바라는 것 없이 다른 사람을 도와라.** 만약 당신이 '저 사람이 나한테 신세를 졌지.'라고 생각한다면, 당신은 계산을 하고 있는 것이다. 아무 조건 없이 도움을 나누면 그런 계산을 할 필요가 없다. 당신이 베풀면 세상 본연의 이치로 당신에게 10배로 돌아올 것이다. 마음을 비워라.

11. **이기는 말, 지는 말을 생각하라.** 패배자나 사용하는 표현이나 말을 하지 마라. "값을 충분히 주지도 않았어." 혹은 "내 일도 아닌데."라고 말하지 마라. 당신이 "저 사람도 안 하니까 나도 안 할 거야."라고 말한다면 누가 지는 것인가? "저 사람이 한 건데 내가 이렇게까지 해야 해?"라고 말하면 누가 지는 것인가? 말을 던지기 전에 "배우자." "교훈이라고 생각하자." "이런 것도 경험이지." "해결 방법이 없나?"를 먼저 생각하라.

12. **당신의 기분 변화를 생각해 보라.** 기분이 좋지 않을 때 그 기분이 얼마 동안 지속되는가? 나쁜 기분이 5분 이상 지속된다면 뭔가 잘못되었다는 뜻이다. 결국 이로 인해 당신의 태도, 게다가 당신의 관계, 결과, 성공까지 망가질 것이다.

13. **당신은 불평 불만의 명수인가?** 많은 사람들이 조금씩 조금씩 냉소적으로 변한다. 다른 사람을 질투하거나 부러워하거나 스스로 불행하다고 여기기 때문에 점점 메말라 가는 것이다. 정말 큰 실수다. 당신이 씁쓸해 하면서 배운 교훈들을 전부 적어 보아라. 그 교훈들이 긍정적 사고방식과 성공으로 이끌 것이다.

14. **<u>승리와 패배를 위해 축배를 들어라.</u>** 내가 갓 세일즈맨이 되었던 시절, 나는 세일즈를 성사시킬 때마다 수고했다는 의미로 나에게 선물을 사 주곤 했다. 그때마다 기분이 날아갈 듯했다. 누군가 나에게 승리뿐 아니라 패배도 축하해 주라고 이야기해 주었다. 그 후에는 세일즈에 실패했을 때도 나에게 선물을 했다. 역시 날아갈 듯한 기분이었다. 이기고 지는 것은 삶의 일부분일 수밖에 없지만, 태도의 일부분일 필요는 없다.

15. **<u>소아 병동을 방문하거나 당신보다 가난한 사람들을 도와라.</u>** 다른 사람들의 문제에 비해 당신의 문제는 얼마나 사소한 것인가! 감사하라.

16. **<u>날마다 당신이 받은 축복을 세어 보아라.</u>** 당신이 받은 축복을 리스트로 작성해 보아라. 리스트로 만들기에는 가진 것이 너무 없다고 생각하는가? 일단 건강부터 적어 보자. 자녀들도 적고, 가족의 사랑도 추가한다. 이것부터 적고 나면 리스트 만들기가 한결 쉬워질 것이다.

<u>**좀 더 즉각적으로 행할 수 있는 교훈을 원하는가?**</u>

지금 당장 와티 파이퍼_{Watty Piper}의 《꼬마 기관차 _{The Little Engine That Could}》를 사서 읽어 보아라. 아니면 자녀의 방에 꽂혀 있는 동화책을 왕창 읽어라. 정기적으로 읽어라. 동화책은 아이들만 보는 책이 아니다. 동화책에는 인생철학이 담겨 있다.

사용 후기의 힘을 부인할 수 없다. 입소문이 당신의 평판을 좌우할 수 있고, 당신의 상품을 쉽게 팔아 줄 수도 있다. 고객은 판매자의 말보다는 다른 고객의 말을 더 신뢰한다.

긍정적인 일에
시간을 투자하라

지역 뉴스를 시청하는 시간, 얼마나 소중하다고 생각하는가? 30분에서 60분간 계속되는 사건 사고의 향연일 뿐이다. '피를 흘리는 기사라야 주목받는다 If it bleeds, it leads.' 이것이 지역 뉴스의 철학이다. 이런 인생철학이 당신에게 과연 어떤 영향을 미칠 것인가? 아마도 최악의 영향일 것이다.

뉴스 시청자 중 당신의 판매 실적이나 승진에 신경 쓰는 사람은 단 한 명도 없다. 훈훈한 소식은 주목을 끌지 못하기 때문에 보도되지 않는다. 결국 당신이 보는 뉴스는 왜곡되고 부정적인 정보로 가득한 셈이다. 한두 사람에게 일어난 일을 전국을 강타한 것처럼 부풀려 보도하는 것이 뉴스이다.

당신 사업과 관련된 뉴스까지 보지 말라는 것은 아니다! 당신의 사업이나 고객에게 영향을 줄 수 있는 뉴스는 꼼꼼하게 살펴야 한다.

그렇다면 서비스 정신과 지역 뉴스 시청의 상관관계는? 전혀 없다! 서비스 정신은 해결 방안을 모색하는 데 중점을 두지만 뉴스는 문제 자체에 중점을 두기 때문이다.

하루에 1시간씩, 1년 동안 하루도 빠짐없이 사건 사고를 접하다 보면, 당신도 사건 사고에 물들어 버리고 만다. 그러면 뉴스에서 본 쓸데없는 고민거리를 직장으로 끌고 들어올 것이고, 그러다 보면 다른 사람에게 부정적인 영향을 줄 수밖에 없다. 이런 식이다. "이봐, 오늘 뉴스 봤어? 오늘 어떤 일이 터졌는지 알아?"

뉴스의 부정성은 전염성이 강하다. 뉴스 시청으로 뉴스의 부정성에 감염된 당신은 부정성을 또 다시 다른 사람에게 퍼뜨리게 되는 것이다.

뉴스 시청이 서비스 정신 향상에 도움을 주는가? 경영 능력에는? 인생에는? 판매 실적에는?

"이봐요, 제프리. 뉴스가 시청률이 제일 잘 나오는 프로그램인 거는 알고 얘기하는 거요?"라고 되묻는 사람도 있을 것이다. 물론 시청률은 잘 나온다. 방향을 잃고 헤매거나 절망을 느끼는 사람이 많기 때문이다. 더 중요한 것은 그런 사람들이 자신보다 더 절망적인 사람이 있다는 것을 알고 싶어 하기 때문에 시청률이 잘 나오는 것이다. 자신보다 못한 사람들을 보며 스스로를 위로하는 것이다.

날씨를 알고 싶은가? 간단한 방법이 있다. 아침에 창문을 열고 하늘을 보면 된다. 아마 기상청 예보보다 훨씬 정확할 것이다.

지역 뉴스가 그렇게 중요한가? 하루라도 챙겨 보지 않으면 눈에서 가시가 돋을 것 같은가? 지난주 화요일에 본 뉴스, 그리고 어제 본 뉴스를 떠올려 보라. 보도 요일만 다를 뿐 결국 다 똑같은 헛소리다.

뉴스 시청에 시간을 투자할 가치가 있다고 생각하는가? 이 책을 읽고 있는 독자 중에 "나는 하루도 빼먹지 않고 뉴스를 시청한 덕분에 오늘과 같이 성공할 수 있었어."라고 얘기할 사람이 몇이나 될까?

내가 전하고자 하는 바가 무엇인지 이쯤 되면 다들 눈치 챘으리라 믿는다. 아, 그리고 재방송도 마찬가지다. (단, 《사인필드Seinfeld, 미국의 유명 코미디 시트콤》는 재밌는 프로그램이니까 괜찮다.)

아직도 내 말을 못 믿겠다면, 이번에는 확실히 경종을 울려 주겠다. 당신이 지난 1년 동안 하루도 빠짐없이 30분 동안 뉴스를 봤다고 치자. 그러면 하루 24시간을 꽉 채워 7.5일 동안 골칫거리를 시청했다는 뜻이다. 5년으로 환산하면, 하루 24시간을 꽉 채운 38일이 된다. 20년으로 환산한 수치는 너무 무서워 계산하지도 못하겠다.

이 시간을 긍정적인 일에 투자했다면? 다른 사람의 골칫거리를 구경하는 대신 생산적인 일들을 했다면?

과연 어떤 시간이 당신에게 더 생산적인가? 다른 사람의 골칫거리를 구경하는 시간? 아니면 당신 자신에게 투자하며 인생 설계를 하고 해결 방안을 모색하는 시간? 당신의 시간을 효율적으로 활용하는 네 가지 방법을 제시하겠다.

첫째, 독서하라.

사설과 자기 계발서, 긍정적인 자세에 관한 책을 읽어라. 유머러스한 책, 세일즈 전략이 담긴 책도 좋고, 유행하는 책도 좋다. 아니면 당신의 가장 중요한 고객 회사의 팸플릿이나 연차 보고서라도 읽어라. 끊임없이 연구하고 학습해야 한다.

둘째, 들어라.

자기 계발 오디오 강의를 듣거나 동영상 강의를 봐라. 시카고에 있는 나이팅게일 코난트Nightingale Conant, 미국 각 분야에서 주목받는 우상들의 책과 강연 프로그램을 개발하는 회사는 깊이 있고 유용한 정보를 모아 놓았다. 자신에게 투자하라.

셋째, 지휘하라.

똑똑한 친구들을 사귀고 그들을 당신 집으로 초대하라. 일주일에 한 번

정도 모여 아이디어를 논의하고 인생 설계를 하라.

넷째, 컴퓨터를 하라.

글을 쓰고, 계획을 세우고, 배우고, 인터넷을 뒤져라. 21세기를 하나로 이어 주는 컴퓨터를 마스터하고 컴퓨터로 탐험하라.

당신이 "시간이 없어."라고 말하는 것은 사실이 아니다. "그 문제에 시간 투자를 하지 않기로 했어."라는 말이 진실에 가깝다. 진짜 진실은 당신이 세상에서 가장 중요한 사람, 바로 당신에게 투자하지 않는다는 것이다.

수차례 말하지만, 지금 TV를 보면서 낭비하는 시간을 다른 것에 투자한다면, 그것이 무엇이건 간에 그 분야에서 세계적인 전문가가 될 수 있다. 나? 나는 뉴스를 보는 대신 세일즈 방법에 대해 연구하고 세일즈 관련 책을 썼다. 그리고 2년 반 후에 내 첫 책인 《세일즈 바이블The Sales Bible》이 출판되었다.

2년 반 동안 꼬박꼬박 아침 뉴스를 시청하는 것과 그 시간에 독서하고 책을 쓰는 것, 둘 중에 어떤 것이 내 경력에 도움이 되었을까? 한 번 생각해 보라.

이제
때가 왔다!

당신과 당신의 직장, 당신의 사업, 그리고 당신의 가족을 위해 하루에 1시간은 긍정적인 행동이나 배움에 할애하라.

그렇게 매일 1시간만 투자하면 1년 후에는 24시간을 꽉 채운 15일을 미래 설계에 투자한 것이 된다. Yes!

Yes! 행동으로 당신의 세계가 바뀐다

Yes! 행동을 실행해 보라. 사랑할 대상을 골라 하루도 빠짐없이 1시간씩 1년 동안 사랑해 주어라.

Yes! 행동을 실행해 보라. TV 리모컨을 잠시 치우고 세상에서 가장 중요한 사람, 바로 당신을 위해 독서하라.

Yes! 행동을 실행해 보라. 알람시계를 지금보다 30분 일찍 맞춰 놓아라. 아침에 침대에서 뛰쳐나와 당신만의 공간에서 긍정적인 생각과 행동에 관한 글을 읽어라.

태도 학습은 날마다 해야 한다

매우 간단하다.

아침에 일어나 긍정적인 글이나 감동을 주는 글, 교육적인 글을 읽는다.
그리고 당신의 생각과 아이디어들을 적는다.

- ◆Yes! **지침 1.** 배운 것에 관해 이야기를 나눈다.

- ◆Yes! **지침 2.** 배운 대로 행동한다.

- ◆Yes! **지침 3.** 활기찬 자세로 하루를 시작한다.

정말 간단하다. Yes! 지침들을 날마다 1년 동안 반복하는 것이 전부이다.

"뉴스에 우울한 소식밖에 없어서 내가 신문을 만들어 봤어. 《내가 최고 일보》인데, 모든 면에 나에 관한 긍정적인 기사들이 있지!"

그러면 습관이 되어서 평생 당신을 따라다닐 것이다.

내 웹사이트에 가면 '태도 도서관 Attitude Library'이 있다. 그곳에 당신만의 도서관에 꼭 필요한 추천 도서 목록이 있다. 짠돌이처럼 도서관에서 빌리지 말고 책을 구입해라. 태도 도서는 반복적으로 읽어야 하며, 참고 문헌으로 영원히 사용될 책이다.

FREE GIT BIT

'태도 도서관'이라고 들어 보셨나요? 태도 도서관이 궁금하다면 www.gitomer.com에 접속해서 회원 등록을 한 다음 Git Bit 박스에 'ATTITUDE LIBRARY'라고 쳐 보세요. 모든 정보는 무료이고, 개인정보도 안전하게 보호된답니다.

자녀가 잘못했을 때의 태도 지침

1. 절대 소리 지르지 마라.

2. 대신 자초지종을 들어라.

3. 그것이 최선책이었는지 묻는다.

4. 다른 방법은 없었는지도 묻는다.

5. 다음에도 같은 행동을 할 것인지 묻는다.

6. 다음에는 옳은 일을 하도록 격려한다.

자녀의 일생을 바꾸는 부모의 태도 지침

1. 어려서부터 학교생활을 즐길 수 있게 돕는다.

2. 좋은 선생님을 만나도록 돕는다.

3. 숙제를 돕는다.

4. 절대로 비난하지 않는다.

5. Yes!의 태도로 말한다.

배우자를 대하는 태도 지침

1. 배우자가 아닌 인생 파트너가 되어라.

2. 아내 혹은 남편을 감동시킨다.

3. 항상 칭찬한다.

4. 유머 감각을 유지한다. 단, 상대방을 놀리는 것은 안 된다.

5. 애정을 가져라.

6. 서로에게 관심을 가지고 서로의 관심사를 나눈다.

가족을 긍정적으로 대하는 태도 지침

1. 가족들을 칭찬한다.

2. 서로를 업신여기지 않는다.

3. '잘 알면 무례해진다'는 속담은 무시한다.

4. 가족들이 싫어하는 것을 당신은 이미 안다. 싫어하는 것은 애초에 하지 않는다.

가정에서의 태도가 직장에서도 이어진다는 것을 명심하라.

직장에서의 태도 지침

1. 오늘의 격언을 적어 동료들의 책상에 올려놓는다.

2. 긍정적인 언어를 사용한다.

3. 바라지 말고 일을 거든다.

4. 바라지 말고 동료를 돕는다.

5. 동료들이 보고 배우는 사람이 되어라.

6. 대답하기 전에 질문한다.

7. 뒷담화에 끼지 않는다.

8. 열심히 일하는 동료들과 어울린다.

9. 반란에 가담하지 마라.

10. 불평하지 말고 문제를 해결한다.

11. 부정적인 평가를 받는 동료도 포용한다.

12. 그만 징징대라.

13. 모든 말을 Yes!로 시작한다.

앞에서 긍정적인 태도를 망치는 11개의 생각을 조심하라고 했다. 이제 그 생각들을 날려 버리는 방법을 알려 주겠다.

1. 내가 잘못된 것은 다른 사람 탓이야. 상황을 좋게 만들기 위해 최선을 다하라. 복수 따위는 내 인생에 없다.

2. 지금보다 더 많은 돈이 필요해. 돈을 더 많이 벌면 된다.

3. 외부 환경이 나를 무너뜨려. 집중력이 필요하다. 장소를 바꿔 보아라. 당신에게 영향을 미치는 사람과 환경으로부터 벗어나라. 그렇지 않으면 그대로 주저앉게 된다.

4. 외부에서 받는 압박감이 나에게 영향을 끼쳐. 굴복하지 말고 안전지대를 찾아 그곳에 머물러라.

5. 나는 참 운도 없지. 열심히 일하는 자에게 복이 있나니, 무조건 열심히 일하라.

6. 지금 사는 곳이 마음에 들지 않아. 이사하라!

7. 배우자가 마음에 들지 않아. 평화 협정을 맺어라. 아내 혹은 남편과 결혼한 이유를 떠올려 보라. 결혼 서약을 다시 써 보아라. 이것저것 다 해 봤는데도 아무 소용이 없다면, 이혼하고 새 배우자를 맞이하라.

8. 상사가 마음에 들지 않아. 새 상사를 찾아 떠나라!

9. 직장 동료들이 마음에 들지 않아. 새 직장을 잡아라. 모든 직장의 동료가 마음에 들지 않는다면, 당신이 문제일 수도 있다.

10. 직장이 마음에 들지 않아. 새 직장을 찾아라. 인생은 짧다. 당신이 좋아하는 일을 해라.

"긍정 분위기를 기다리고 있는 거죠? 대문을 활짝 열어 놓을까요?"

11. 내 자신이 마음에 들지 않아. 자신의 장점을 적어 보라. 자신에게 얼마나 많은 장점이 있는지 알고 나면 깜짝 놀랄 것이다.

내가 주는 조언은 빙산의 일각이다. 정말 많은 태도 지침들이 있다. 시간을 들여 당신에게 맞는 행동 지침들을 찾아보는 것은 어떤가?

당신만의
긍정의 길을 원한다면

다음 세 가지를 즉시 실행하면 가능하다.

첫째, 집중하라. 당신에게 집중하라. 75페이지에 나와 있는 21개의 태도 지침을 따르라. 그리고 제발 부탁하는데, 다른 사람의 매니저 노릇은 이제 그만하라. 당신 코가 석 자다. 당신 문제부터 해결하라.

또한 당신만의 태도를 만들 때에는 충분한 시간을 들여라. 이기적으로 보여도 어쩔 수 없다. 당신 자신을 위해서 능력을 최대로 발휘하고 최고가 되어라. 이 첫 단추를 잘 끼우면 당신뿐 아니라 다른 사람에게도 최고가 되는 길이 열린다.

둘째, 매일 조금씩 규칙적으로. 태도 다스리기 훈련은 적정량을 지키는 것이 중요하다. 사과는 하루에 한 개씩만! 몰아서 일요일에 7개씩 먹거나 월말에 30개씩 먹으면 체한다.

셋째, 앞으로 25년 동안 매일 해야 한다. 긍정적인 태도는 절로 이루어지는 것이 아니다. 운동을 해 본 사람이라면, 기량 향상에 연습이 가장 중요하다는 것을 안다. 태도도 운동과 같다. 긍정적인 태도를 유지하는 신체적 기술과 정신적 기술을 향상시키기 위해서는 꾸준히 연습을 해야 한다.

계속해서 Yes!의 길을 걷고 싶은가?

Yes!의 태도를 얻는 비결은 바로 Yes!로 시작하는 것이다!

모든 대화의 시작을 Yes!로 시작하라. 태도는 Yes! 혹은 No!의 언어를 가지고 있다. No!의 언어를 Yes!의 언어로 전환하라.

당신이 할 수 있는 것을 말하라. 못하는 것은 말할 필요도 없다. 징징대지 말고 해결책을 찾아 나서라!

내 경험을 말하자면, 나에게 문제가 생길 때마다 우리 아버지는 내가 해결책을 찾게끔 하셨다. 가끔은 해결책을 주시기도 하셨지만, 대부분 이렇게 말씀하셨다. "제프리, 이게 너의 해결 방법이라는 말이냐?" 내 해결책이 바보 같다는 뜻이었다. 어쨌든 아버지는 내가 해결책을 생각해 내도록 만들어 주셨다.

아버지가 무척이나 그립다. 당신의 아버지가 아직 살아 계시다면 당장 전화해서 조언을 구하라.

많은 사람들이 '돈을 벌기 위해' 직장에 다닌다. 직장에 다니는 최악의 이유가 이것 말고 또 있을까? 직장 생활을 하면서 큰돈을 모으는 최선의 방법은 '돈을 버는 것'이다.

나는 '돈을 번다'고 했지 '큰돈을 번다'고 하지는 않았다. 세상에 공짜란 없다. 돈을 만지려면 열심히 일해서 벌어야 한다. 사람들이 실패하는 가장 큰 이유는 바로 이 개똥철학, "나는 목돈을 만지려고 이 직장을 선택했어." 혹은 "돈을 많이 받을 수 있어서 여기서 일하는 거야." 때문이다.

모든 사람들이 백만장자가 되고 싶어 한다. 백만장자가 되고 싶은 이유는 제각각이지만, 목표와 꿈을 이루려면 돈이 필요하다는 것은 공통 사항일 것이다. 그렇다면 돈을 어떻게 벌 것인가? 다음의 법칙을 따르라.

1. 절대 무너지지 않는 자신감을 구축하라.

2. 다른 사람보다 뛰어난 사람이 되어라.

3. 다른 사람이 생각지 못한 답을 제시하라.

그리고, 직업을 사랑하고 Yes!의 태도로 인생을 즐겨라!

각각의 법칙을 간단하게 들여다보자.

신념 구축하기. 지금 하는 일에 확신을 가져라. 돈을 많이 벌고 싶은 이유를 분명히 하라. 이제 자신감이 생기는가?

다른 사람보다 뛰어난 사람 되기. 당신의 기량을 높이기 위해 뭐든지 하겠다는 태도가 필요하다. 남들보다 1시간 일찍 일어나고 모든 분야에서 최고가 되기 위해 노력하라. 2인자의 자리에 안주하지 말라. 2인자에게 승진이란 없다.

참신한 답 구하기. 성공을 위해 당신에게 필요한 정보를 습득하라. 세미나, 책, 오디오나 동영상 강의 등 어느 것이든 좋다. 일생일대의 교훈을 찾아 움직여야 한다. 답을 얻는 방법은 오직 하나, 학습하는 것이다. 간단해 보이지만 결코 쉽지만은 않다. 실패를 경험하기도 하고 습득한 정보를 소화시키느라 고생하기도 한다. 부를 쌓고 싶다면, 먼저 지식을 쌓아야 한다. 날마다 새로운 것을 배워라!

이제 답이 보이는가? 필요한 지식을 얻기 위해 열심히 다니고 있는가? 당신의 꿈을 이루어 줄 돈을 벌기 위해 꼭 필요한 과정이다.

"직장에서 실패하는 가장 큰 이유는 유용한 정보가 부족하기 때문이다." 위대한 짐 론의 말이다. 이 말에 조금 덧붙이자면, "사람들이 배우려는 태도를 갖추지 않는 이유는 일에 대한 열정과 최고가 되려는 열망이 부족하기 때문이다."

당신이 성공을 원한다는 것은 중요하지 않다.
당신이 성공하고 싶은 이유, 성공을 가로막는 것이 무엇인지 아는 것이
중요하다!
성공하기 위해 어떠한 믿음과 얼마나 치밀한 계획이 필요할까?

주의하라! 만약 이 책을 끝까지 읽고 나서도 다른 사람 탓만 한다면 당
신의 성공은 물 건너갔다고 보면 된다. 실패를 두려워 마라. 그리고 책임
을 져라. 장담하건대, 책임질 줄 아는 사람이 성공한다.

지식이 부족하고 결정력이 부족하고 열정이 부족하면, 자기 신념이 무
너지는 것은 한순간이다. 당신이 성공하고 싶은 이유를 스스로 단 한 번
도 새겨 본 적이 없다면 실패하는 것은 시간문제다. 당신이 돈을 벌고
싶은 진짜 이유와 원하는 액수의 돈이 생겼을 때 하고 싶은 일이 무엇인
지 새겨 보라.
예를 들어 당신의 자녀가 진학하기 바라는 대학교의 등록금을 마련하
기 위해서, 가족에게 조금 더 잘해 주기 위해서, 또는 부모와 형제들에
게 "내가 해냈어!"라고 자랑하기 위해서이든 어떤 것이든 공개하라. 이
유를 적어서 잘 보이는 곳에 붙여 놓고, 또 들고 다니면서 매일 두 번씩
읽어 보라. 당신의 이유와 열정, 최고가 되려는 의지를 잘 버무리면, 짜

잔! 성공은 완성된다!

이 책을 읽는 독자 중에는 이렇게 말할 사람도 있을 것이다. "제프리, 이런 머리 아픈 인생철학으로 나 좀 그만 괴롭히고 어떻게 하면 돈을 많이 벌 수 있는지 말해 달라고요." 지금 말하고 있지 않은가?

내가 여러분에게 말하고 싶은 가장 중요한 교훈은 '자기 신념'이다. 자기 신념은 극소수의 사람, 즉 Yes!의 길로 들어서는 사람만이 터득하는 선물이다.

자기 신념
구축하기

모든 사람들이 자신만의 이유를 가지고 있다. 어떤 사람은 여러 가지 이유를 가지고 있을 것이다. 어떤 이유? 자신의 길을 선택한 이유, 자신의 일에 신념을 갖는 이유, 성공하고 싶은 이유, 다른 사람을 돕고 싶은 이유, 최고가 되고 싶은 이유 말이다. 당신의 '이유(당신이 생각하는 것보다 더 깊은 이유일 수도 있다)'를 공개하고 신념 시스템을 강화하면 당신이 되고 싶은 최고의 사람으로 거듭날 것이라고 나는 확신한다.

현재 직장에서 일하는 이유는?

내가 내 자신을 믿는 이유는?

____

____

____

내가 내 회사를 믿는 이유는?

____

____

____

내 직무 능력과 경력을 향상시키고 싶은 이유는?

____

____

____

나에게 다른 사람을 도울 수 있는 능력이 있다고 믿는 이유는?

____

____

____

내가 지금 하는 일에 최고가 되고 싶은 이유는?

____

____

____

<u>자기 신념 시스템에 필요한 것들</u>

내 직업과 관련해서

____

____

____

내 회사와 관련해서

____

____

____

나 자신과 관련해서

____

____

____

"'성능 좋은 면도기 사기'도 추가해야겠어."

목표와 성취를 써 붙여라

목표 성취를 위한 태도 지침

당신의 목표를 써서 당신 눈앞에, 화장실 거울에 붙여 놓고 아침마다 큰소리로 두 번씩 읽어라. 목표를 성취하면 머리맡에 성과를 써서 붙여 놓아라. 매일 아침 당신의 성공을 보며 하루를 시작할 수 있다.

당신이 과거에 성취했던 성과를 살펴보면 현재의 목표를 달성하는 데 큰 도움이 된다.

언젠가 세미나를 마치고 나서 생각지도 못한 이메일이 날아왔다. "당신의 긍정적인 사고방식이 마음에 들어요. 항상 긍정적으로 생각하는 당신만의 방법도 정말 마음에 들어요. 당신과 친구가 되고 싶습니다." 여기서 돌발 질문, 당신과 친구가 되고 싶어 하는 사람은 누구인가?

5
PART

YES! 태도의 속 성

당신의 장점을
마음 깊이 새겨라!

당신이 하고 싶어 하는 일들을 생각해 보자. 당신이 열정을 쏟아붓고 미칠 만큼 잘하는 일, 다른 사람이 칭찬하는 당신의 장점도 생각해 보자.

사람들은 당신의 부드러운 말투, 센스 있는 옷차림, 요리 솜씨를 칭찬할 수도 있다. 사람들을 대할 때의 예의바른 모습, 지역사회에 헌신적으로 봉사하는 모습, 열정적으로 사업을 꾸려 나가는 모습은 당신의 장점일 수도 있다.

이런 장점들이 모여 당신의 모습을 만들어 낸 것이다. 단순한 당신의 장점이 아니라 당신만이 가지고 있는 자산이요, 특징이다!
제대로 된 장점, 제대로 된 특징, 제대로 된 자산만 있다면 Yes!의 태도를 얻는 것은 식은 죽 먹기이다.

다음 페이지에 당신이 가진 태도의 속성을 평가해 보는 테스트가 준비되어 있다.

답을 쓰기 전에 자신에 대해 골똘히 생각해 보아야 하는 질문이 많지만, 자신을 객관적으로 돌아보고 성실하게 답한다면 긍정적인 태도의 인식과 긍정적인 행동에 대한 새로운 시각을 정립할 수 있을 것이다.

또한 평생 함께 할 Yes! 태도를 다지는 데 도움이 될 것이다.

당신의 현재 상황을 가장 잘 나타내는 숫자에 체크한다. 체크한 숫자를
모두 더한 총점이 당신의 점수이다.

1=절대 그렇지 않다. 2=거의 그렇지 않다. 3=가끔 그렇다. 4=자주 그렇다. 5=항상 그렇다.

☐ **아침에 행복한 마음으로 눈을 뜬다.**

1 ☐ 2 ☐ 3 ☐ 4 ☐ 5 ☐

☐ **어떤 질문에도 'Yes!'라고 먼저 생각한다.**

1 ☐ 2 ☐ 3 ☐ 4 ☐ 5 ☐

☐ **어떤 상황에서도 미소를 잃지 않는다.**

1 ☐ 2 ☐ 3 ☐ 4 ☐ 5 ☐

☐ **다른 사람에게 친절하게 대한다.**

1 ☐ 2 ☐ 3 ☐ 4 ☐ 5 ☐

☐ **나는 자기 신념이 강하다.**

1 ☐ 2 ☐ 3 ☐ 4 ☐ 5 ☐

☐ **나는 자신감이 넘친다.**

1 ☐ 2 ☐ 3 ☐ 4 ☐ 5 ☐

☐ **자신의 행동에 책임진다.**

1 ☐ 2 ☐ 3 ☐ 4 ☐ 5 ☐

☐ **스스로 동기를 부여하고 격려한다.**

1 ☐ 2 ☐ 3 ☐ 4 ☐ 5 ☐

☐ **나 자신을 사랑한다.**

1 ☐ 2 ☐ 3 ☐ 4 ☐ 5 ☐

■ 나는 정신력이 강하다.

1 □　　　2 □　　　3 □　　　4 □　　　5 □

■ 나는 가정에서, 또 직장에서도 긍정적으로 생각한다.

1 □　　　2 □　　　3 □　　　4 □　　　5 □

■ 나는 많이 웃는다.

1 □　　　2 □　　　3 □　　　4 □　　　5 □

■ 나는 어떤 상황에서도 유머 감각을 유지한다.

1 □　　　2 □　　　3 □　　　4 □　　　5 □

■ 나는 긍정적인 글을 읽는다.

1 □　　　2 □　　　3 □　　　4 □　　　5 □

■ 나는 대체적으로 기분이 좋은 편이다.

1 □　　　2 □　　　3 □　　　4 □　　　5 □

■ 나는 최고가 되고 싶다.

1 □　　　2 □　　　3 □　　　4 □　　　5 □

■ 내 직업이 마음에 든다.

1 □　　　2 □　　　3 □　　　4 □　　　5 □

■ 나의 내면은 행복으로 가득하다.

1 □　　　2 □　　　3 □　　　4 □　　　5 □

■ 나는 다른 사람을 격려하고 칭찬한다.

1 □　　　2 □　　　3 □　　　4 □　　　5 □

■ 나는 어떤 상황에서도 좋은 면을 발견한다.

1 □　　　2 □　　　3 □　　　4 □　　　5 □

■ 사람들은 나를 좋아한다.

1 ☐   2 ☐   3 ☐   4 ☐   5 ☐

■ 나는 사람들을 끄는 매력이 있다.

1 ☐   2 ☐   3 ☐   4 ☐   5 ☐

태도 총점 :

태도 성적표

- **90~110**　: 당신의 지금 태도라면 아무 문제가 없다.

- **75~89**　: 태도를 가꾸기 위해 조금만 더 노력하라. 제대로 된 길에 들어서 있으므로 너무 걱정은 안 해도 된다. 지금 걷고 있는 길을 계속 따라가며 자기 계발에 신경 써라.

- **60~74**　: 나쁜 태도는 아니지만 딱히 좋지도 않다. 그래도 방향만은 잘 잡고 있다. 당신만의 장점을 강화시키는 데 더 많은 시간을 투자하라.

- **60점 아래**　: 어디선가 잘못된 길로 들어선 당신 긍정의 길 처음으로 돌아가서 다시 시작하라.

당신의 태도를 강화시키는 방법을 소개한다. 방금 한 테스트에서 답변 1, 2, 3에 체크한 문제를 골라 노란 박스에 표시한다. 노란 박스에 표시한 문제가 당신이 보강해야 할 약점이다.

한 주에 약점 한 개씩

1. 이번 주에 집중적으로 공략할 약점 한 가지를 선택한다.

2. 그 약점과 관련된 당신의 현재 상황을 적는다.

3. 약점을 강점으로 승화시키기 위해 할 수 있는 일을 적는다.

4. 자문하라. '내가 미루고 있는 일을 다 해내려면 어떻게 해야 하는가?'

5. 약점을 보강하기 위해 당신이 할 일을 결정한다.

6. 행동을 실행하려면 얼마큼의 시간이 필요한지 따져 본다.

7. 각 항목을 마스터할 때까지 보강 행동을 계속한다.

약점이 많다고 서두르지 말고 약점이 강화될 때까지 노력하라. 어느 하나 중요하지 않은 것이 없으므로 공을 들여라.

인생철학은
왜 필요한가?

당신이 중요시하는 인생철학은 무엇인가? '어떤 사람이 되고 싶은가? 어떻게 목표에 도달할 것인가?'라는 질문에 대한 답은 당신의 인생철학 안에서 나오기 마련이다. '어떻게', 그리고 '무엇'에 대한 답은 당신의 인생철학으로 결정된다.

사람들은 나름의 인생철학을 갖고 있지만, 대부분의 사람들이 자신의 철학을 정확하게 규정하지는 못한다.

당신의 태도를 움직이는 가장 강력한 힘은 당신이 따르는 인생철학이다. 인생철학에 따라 어떤 일을 할 것인지, 어떻게 목표를 이룰 것인지 결정된다. 인생철학은 당신의 목표 뒤에 존재하는 진정한 동기 같은 것이다.

당신이 성취한 모든 것,

성취하지 못한 모든 것도

당신 사고방식의 결과이다.

−제임스 앨런 James Allen,
《위대한 생각의 힘 As a Man Thinketh》 중에서

여기서 잠깐, 책에서 잠시 눈을 떼고 컴퓨터를 켜라. 당신이 누구인지, 어떤 사람이 되고 싶은지, 어떤 일을 하고 싶은지, 어떻게 목표를 이룰 것인지 적어 본다. 157페이지를 살짝 참고하면 더 쉽게 접근할 수 있을 것이다.

그리고 매달 당신이 써 놓은 글들을 읽어라. 나는 내 글을 25년 동안 읽어 왔다. 목표에 거의 도달한 셈이지만 아직 완전하게 이루지는 못했다.

먼 훗날, 당신의 장례식에서 자녀들이 당신을 어떤 사람으로 기억하길 바라는가? 당신이 어떤 사람으로 어떤 인생을 살았는지, 누구를 도왔는지, 누구를 사랑했는지 말해 주길 바라는가? 이 모든 인생 흔적들이 인생철학에 의해 결정된다.

에인 랜드_{Ayn Rand}가 지은 《인생철학: 누구에게 필요한가_{Philosophy: Who Needs It?}》라는 책을 읽어 보아라. 인생철학의 중요성과 인생에 대한 통찰이 담겨 있다.

FREE GIT BIT

157페이지를 미리 보았나요? 더 자세한 내용을 알고 싶고, 당신만의 인생철학을 만들고 싶다면 www.gitomer.com에 접속해서 회원 등록을 한 다음 Git Bit 박스에 'PHILOSOPHY'라고 쳐 보세요.

인생철학은 태도를 결정한다.

태도는 행동을 결정한다.

행동은 결과를 결정한다.

결과물은 인생을 결정한다.

인생이 마음에 안 든다면 당신이 만들어 낸 결과물을 살펴보라.

결과물이 마음에 안 든다면 당신의 행동을 살펴보라.

행동이 마음에 안 든다면 당신의 태도를 살펴보라.

태도가 마음에 안 든다면 당신의 인생철학을 살펴보라.

다른 사람을 돕는 것을 중요시하는 인생철학을 가지고 있다면, 긍정적인 태도를 가지고 있다면, 성공을 불러오는 행동을 취할 수 있고 결국 당신도 성공한다.

성공한 사람들은 성공하지 못한 사람들이 하지 않는 일을 한다. 성공한 사람들은 안주하지 않는다. 성공한 사람들은 돈을 불러오는 일에 집중한다. 성공한 사람들은 끈기가 있다. 성공한 사람들은 열정적이다. 성공한 사람들은 정보 수집에 능하다. 성공한 사람들은 끊임없이 배운다.

짐 론 세미나에서 내가 메모해 온 내용들이다. 나는 짐 론 세미나에 12회 정도 참석했는데 매번 새로운 것을 배웠다. 당신에게 짐 론 세미나에 갈 기회가 생긴다면 당장 달려가라!

위대한 철학가들이 말씀하시길……

"듣는 사람은 말하는 사람을 이해하지 못하고, 말하는 사람 또한 자신의 말을 이해하지 못 하는 것, 바로 그것이 철학이다."

—**볼테르** Voltaire

"철학이란 사실을 다루는 과학이다."

—**아리스토텔레스** Aristoteles

"인간의 행복이 외부 요인에 최소한의 영향을 받게 하는 것, 이것이 철학의 진정한 의미이다."

—**에픽테토스** Epictetus

나는 가치를 가장 중요하게 여긴다.

나는 다른 사람들을 돕는다.

내가 좋아하는 분야에서 최고가 되기 위해 노력한다.

인간관계를 오랫동안 유지한다.

인생을 재미있게 살려고 한다.

매일 위의 내용대로 생활한다.

나만의 인생철학을 당신과 나누는 이유는 내 인생철학에 '태도'
라는 단어가 없다는 것을 보여 주기 위해서이다. 오히려 내 인생
철학에서 '태도'는 제외되어 있다.

내 인생철학을 참고해서 당신만의 인생철학을 만들어 보라.

당신의 환경과
주변 인물

당신은 어디에서 일하는가? 어디에서 사는가? 어디에서 주로 사람들과 어울리는가? 이것이 바로 당신의 환경이다.

당신 삶 속에 있는 사람들을 생각해 보자. 가족, 배우자, 소중한 사람, 자녀, 친구, 일적으로 연관된 사람들. 이 사람들이 당신의 주변 인물이다.

환경과 주변 인물은 다른 어떤 것보다 긍정적인 태도와 성공에 막대한 영향을 미친다.

이제 당신에게 질문을 던지겠다.

· 당신은 어디에서 사는가?

· 당신은 어디에서 일하는가?

· 당신은 긍정적인 태도와 성공에 도움을 주는 사람들과 어울리고 있는가?

최고의 환경, 최고의 주변 인물들과 있지 않다면,

· 당신은 어떻게 그(것)들을 바꿀 것인가?

· 당신은 어떻게 그(것)들을 변화시킬 것인가?

· 당신은 어떻게 그(것)들을 재정비할 것인가?

· 당신은 어떻게 그(것)들에게 영향을 줄 것인가?

환경과 주변 인물을 조금만 변화시켜도 훨훨 날아오를 수 있다는 사실을 깨닫는다면, 지금 당장이라도 실행으로 옮길 텐데 말이다.

환경과 주변 인물을 변화시키는 것에 조금이라도 망설이는 이유는 당신이 지금의 위치에서 이미 편안함을 느끼고, 그곳에 안주하려 하기 때문이다. 당신의 현재 위치가 얼마나 형편없든 상관없이!

숨을 고르고 잠시 한 발 물러나 인생 전체를 둘러보자. 더 나은 인생을

살고 싶고, 영원히 지속될 긍정의 태도를 얻고 싶다면 가정, 직장, 주변
에 있는 사람들을 살펴보라.

그리고 각각의 주변 인물과 장소에 긍정 점수를 매겨 보자. 점수가 낮다
면 이제 작별 인사를 할 때이다. 작별인사는 우아하게, 매너 있게 하되
확실하게 작별을 고하라.

미쳤다는 말 세 번에
무너지는 규칙

당신이 새 직장을 구했을 때, 새롭게 벤처 기업을 창립했을 때, 혹은 재택 사업을 시작하려 할 때 친구에게 이 소식을 전한다면, 친구는 "너, 미쳤구나!"라고 반응한다.

다음에는 당신의 절친한 친구에게 이 소식을 전하면 그 친구의 반응 역시 "너, 미쳤구나!"이다. 그 다음에 어머니에게 이 소식을 전하면 어머니 역시 "너, 미쳤구나!"라고 말한다.

어머니에게까지 "너 미쳤구나!"라는 말을 듣고 나면 당신도 포기하고 만다. 이것이 바로 '미쳤다는 말 세 번에 무너지는 규칙'이다. 대개의 사람들은 이 규칙을 이겨 내지 못한다. 당신은 이겨 낼 수 있는가?

당신이 새로운 지위에 도전하거나 회사를 차리려는 이유는 아래 세 가지 중 단 한 개라도 해당되기 때문이다.

첫째, 새 분야가 마음에 들고 파고들면 정말 재미있을 것 같다.

둘째, 기회가 정말 좋다. 이번 기회에 돈도 많이 벌고 필요한 경력도 쌓을 수 있다.

셋째, 꿈을 이루는 데 더 가까워질 수 있다.

당신에게 미쳤다며 핀잔을 주는 사람들을 부르는 말이 '찌질이'이다. 당신을 깔아뭉개고, 사기를 떨어뜨리고, 판단력을 흐리게 만드는 일이 그들의 유일한 낙이다. 당신의 목숨을 걸고 피해야 할 인물이 찌질이다.

찌질이를 어떻게 알아내냐고 묻고 싶은가? 그들의 특징을 알려 주겠다.

· 당신에게 진짜 직업을 찾으라고 말한다.

· 당신에게 실패담을 자꾸 들려준다.

· 당신의 판단력을 깔본다.

· 당신은 절대 큰돈을 벌 수 없다며 비웃는다.

· 당신이 돈만 잃고 무참하게 실패할 거라고 말한다.

요약하면, 그들은 당신의 태도와 자신감을 무너뜨리며 당신의 판단력에 의문을 품는다. 어휴! 그런 말을 듣는 것도 정말 곤욕이다. 용기를 북돋아 주거나 응원이라도 해 주면 하늘이라도 무너지나? "도와줄게.", "잘해낼 수 있을 거야!"라고 말해 주면 큰일이라도 생기나? 도대체 왜 "너 미쳤구나!"라는 말만 하는가?

사람들이 당신을 격려해 주지 않고 깔아뭉개려는 이유는 뻔하다.

· 자기 신념이 부족해서

· 자존감이 낮아서

· 당신을 과소평가해서

· 당신을 질투해서

· 당신이 부러워서

· 환경적 요인 때문에, 다시 말해서 그들의 환경이 형편없어서

· 태도 요인 때문에, 다시 말해서 그들의 태도가 형편없어서

· 지적인 요인 때문에, 다시 말해서 그들이 무식해서

그들은 천성적으로 회의적이며, 태도도 형편없고, 응원도 할 줄 모르는 사람들이다. 자신들이 실패했기 때문에 당신이 실패하는 모습을 보고 싶어 하는 사람들이다.

그러므로 누군가 당신을 무참히 뭉개려 할 때 이렇게 말하라! "맘대로 지껄이라지. 나는 너와 달라!"

당신은 어떻게 찌질이를 상대할 것인가? 찌질이를 물리치는 첫 단계는 과연 무엇인가? 내가 힌트를 주겠다. 잘 살펴보라.

◆ **찌질이의 차를 살펴보라.**

◆ **찌질이의 경력을 살펴보라.**

◆ **찌질이의 태도를 살펴보라.**

◆ **<u>찌질이의 성공을 살펴보라.</u>**

◆ **<u>찌질이의 삶을 살펴보라.</u>**

◆ **<u>찌질이의 행복을 살펴보라.</u>**

찌질이의 것과 바꾸고 싶은 것이 하나도 없다면, 찌질이가 당신에게 미쳤다고 말할 자격이나 있는 것일까? 진짜 미친 사람은 과연 누구일까?

하지만 이것은 '찌질이의 저주'를 들었을 때 당신의 관점을 바꾸는 방법이지 진정한 치유법은 아니다.

이제 찌질이를 물리치는 본격적인 여섯 가지 방법을 소개하겠다.

1. 찌질이에 맞서 같이 저주를 내뿜지 마라. 바보처럼 찌질이 수준으로 내려가지 말고 그들을 넘어서야 한다.

2. 긍정적인 언어로 물리쳐라. '네 말이 맞을 수도 있어. 어쨌든 진행 상황을 너에게 알려 줄게. 아! 근데, 일이 잘되면 네 자리도 마련해 줄까?'

3. 침착하라. 그리고 당신이 할 일을 사람들에게 알렸다면 죽을힘을 다해 일을 추진하라.

4. 환경을 바꿔라. 성공이 꽃피는 장소를 찾아 그곳에 시간을 투자하라.

5. **주변 인물을 바꿔라.** 성공한 사람과 어울려라. 감명을 주고, 정보와 지식을 갖춘 사람들과 어울려라. 본받을 점이 많은 사람, 당신에게 용기를 주는 사람과 어울려라.

6. 당신이 어떤 일을 했는지 떠들 필요가 없다. 그냥 실행하라. "내 꿈을 이루기 위해 이런 일을 했어."라고 말하는 사람보다 "앞으로 나는 이렇게 할 거야." 하면서 나불대는 사람이 너무 많다. 당신의 선택에 열정이 있다면, 그 열정을 일에 쏟아부어라. 마침내 성공하면 사람들에게 애써 말하지 않아도 그들이 당신에게 말을 걸고 당신을 지켜본다.

찌질이의 입을 멈추게 하는 유일한 방법은 당신이 성공하는 것이다. 하지만 당신이 성공한 다음에도 계속 찌질하게 구는 사람이 반드시 있을 테니 조심해야 한다. 영원한 찌질이는 "네 성공도 오래가지 못할 거야."라고 말한다. 정말 한심하고 불쌍한 인간들이다.
치유법은 찌질이가 아닌 당신 자신을 위해 사는 것! 찌질이에게는 신경 꺼라.

성공하기 위해 다음 주문을 외워 수시로 외친다. 새벽 5시에 갑자기 떠올라 내가 완성한 주문이다. 이 주문의 진정한 의미를 깨달을 때 당신의 인생은 영원히 바뀐다.

내가 퍼레이드를 할 때 사람들이 비를 뿌리는 이유는

그들이 퍼레이드를 하지 못하기 때문이다.

−제프리 지토머

나는 세상 모든 것이 재미있다!

살면서 일어나는 사건에 당신은 어떻게 반응하는가? 살면서 예기치 않게 일어나는 상황에 당신은 어떻게 반응하는가? 다른 사람에게 하는 말투는 어떤가? 당신의 유머 감각에 대한 평가는 어떤가?

TV 채널을 마구 돌리다가 재미있는 프로그램이 나오면 채널을 고정하는가? 아니면 폭력적인 프로그램에 채널을 고정하는가? 아니면 다큐멘터리? 드라마? 영화를 볼 때는 공포영화를 고르는가? 아니면 재미있는 영화를 고르는가?

당신이 가장 추구하는 바는 무엇인가?
나? 나는 모든 일에 재미를 추구한다. 다른 사람의 인생 드라마에 관심을 가질 시간이 없다. 폭력적인 것은 두말할 필요도 없고.

무엇보다 재미를 추구하는가?
당신에게 가장 먼저 떠오르는 생각은 무엇인가?

내가 휴스턴에 갔을 때였다. 이 책의 편집자이자 절친한 친구, 그리고 나의 비밀 병기인 제시카 맥두걸Jessica McDougall과 공항에서 리무진을 타고 목적지로 향하고 있었다. 제시카는 몸이 계속 안 좋았고 등이 아파 뒷좌석에서 최대한 몸을 누이고 있었다.

그런데 운전기사가 정말 최악이었다. 액셀, 브레이크, 액셀, 브레이크를 번갈아 가며 운전하고 있었다. 총알택시처럼 속도를 내다가 브레이크를 확확 밟으면서 험하게 도로를 누비고 있었다. 설상가상으로 제시카는 차멀미에 약했다. 운전기사는 막히지 않는 길은 잘 알고 있었지만 속도에 대한 개념이 전혀 없었다. 그는 계속 험하게 차를 몰았고 제시카는 몸을 꼼짝 못하고 있었다.

노트북컴퓨터로 작업을 하고 있던 나는 제시카가 볼 수 있게 크고 굵은 글씨로 "운전기사 이름이 '휘청' 씨래."라고 써서 보여 주었다. 우리는 박장대소했다. 제시카의 몸도 좋아지기 시작했다.

웃음이 보약이다.
아니, 웃음은 가장 먼저 처방해야 할 약이다.

· 가장 먼저 떠오르는 생각은 무엇인가?

· 처음으로 보이는 반응은 무엇인가?

· 평소에 어떻게 반응하는가?

· 어떤 말을 하는가?

· 유머를 잃지 않는가?

· 상대방을 미소 짓게 할 수 있는가?

· 12시간째 일하고 있는 상황에서도 유머를 생각해 낼 수 있는가?

· 당신의 유머 감각이 직장 생활에 어떤 영향을 미치는가?

하지만 유머와 냉소를 헷갈려선 안 된다.

유머와 상대방의 가슴을 후비는 유머도 헷갈려선 안 된다.

"내가 거절할 때마다 머리를 몇 번씩이나 마구 흔들었더니 우리
사장이 나를 고개를 까닥거리는 인형으로 대체시켜 버렸어요."

자, 그럼 당신에게 유머 감각이 있는지 한번 시험해 볼까?

· 당신은 뛰어난 유머 감각을 소유하고 있는가?

· 당신의 머릿속에 가장 먼저 떠오르는 생각은 재미있는 것들인가?

· 첫 대답이 재미있는가?

· 다른 사람과 대화할 때 유머를 추구하는가?

· 쉽게 그리고 자주 웃는가?

· 웃는 것이 좋은가?

· 내면까지 행복한가?

당신이 '행복'을 생각하고 있다면, 당신의 대답 또한 재미있을 것이다. 웃음, 유머, 재미는 전염성이 있어서 이것들을 추구하면 다른 사람도 감염되어 웃음과 유머, 재미를 전파시킬 것이다. 웃음과 유머, 재미는 강력하기도 하지만 다른 사람의 삶도 풍요롭게 만든다. 농담이 아니다!

웃음을
이끌어 내라

제시카 맥두걸은 미소가 아름다운 사람 중의 한 명이다. 또한 그녀는 긍정적인 태도를 가지고 있다. 아름다운 미소와 긍정적인 태도가 관련이 있는지 궁금하다. 당신 생각은 어떤가?

당신은 얼마나 자주 미소를 짓는가?
미소는 태도를 나타내는 강력한 도구이다.

· 말하지 않고도 긍정성을 나타낸다.

· 온화함을 나타낸다.

· 내면의 감정을 외면으로 나타낸다.

· 행복을 나타낸다.

· 마음이 열려 있음을 나타낸다.

나는 미소가 긍정적인 태도의 상징이라고 믿는다.

미소는 당신 자신뿐 아니라 다른 사람에게도

긍정을 보이는 최고의 태도이다.

-제프리 지토머

· 자신감을 나타낸다.

· 첫말의 어투를 결정한다.

미소의 힘을 생각해 보라. 미소의 힘을 노래한 가사들도 있다. 전 세계 유명한 사진가들은 사진을 찍을 때마다 미소 지으라고 강요한다. 아기의 미소는 방 전체를 환하게 하고 다른 사람까지 미소 짓게 만든다. 그래서 어른들이 아기를 다시 웃게 하려고 용쓰는 것이다.

미소는 당신의 값진 자산이다. 심지어 공짜로 나누어 줄 수 있는 자산이다. 1분 1초를 미소 지으며 생활하라. 얼마나 쉬운가!

'믿는 것이 이루는 것이다.'라는 속담이 있다. "마음속으로 상상하고 믿는 것은 무엇이든 이룰 수 있다."고 나폴레온 힐은 말했다. 긍정적인 태도를 얻으려면 반드시 명심해야 할 말이다.

PART 6

YES! 태도 완성하기

Yes! 태도를
성취하는 공식

Yes! 태도 공식을 공개하겠다. 긍정적인 태도를 성취하기 위해 내가 35년 동안 사용해 온 공식과 전혀 다르지 않다. Yes! 태도를 얻기 위해서는 당신 스스로 얻을 수 있다고 반드시 믿어야 한다. 그렇지 않으면 절대 얻을 수 없다. 내 말을 의심하지 마라. 당신이 태도를 얻을 수 있다고 믿는 것이 가장 먼저이다.

이 공식은 실제로 존재하며 유효하다. 매우 섬세하기도 한 반면, 너무 단순한 거 아니냐며 항의하는 사람도 있을 것이다. "이거 예전에 들어 본 말인데." 혹은 "다른 책에 쓰여 있던 말인데." 하며 항의도 받아 보았다.

내 말을 좀 더 쉬운 말로 풀이하면, '믿으면 반드시 이루어진다.'이다.

이것은 내가 보장한다. 단, 조건이 있다. 당신 스스로 믿음을 가지고 있어야 하며 당신 전부를 바쳐야 한다. 부정적인 행동을 당장 멈추고 긍정적인 행동을 실행하겠다는 의지를 보여야 한다. 이 사항들만 잘 지키면 긍정적인 태도를 성취할 수 있다. 평생 Yes!의 태도로 살아갈 수 있다!

당신이 읽어 보았을 만한 책들에서 이 공식들을 편집했으며, 다음 페이지에서 하나하나 소개하겠다. 공식들을 두 페이지에 압축해 놓았기 때문에 단시간에 습득할 수 있을 것이다. 태도를 성취할 때까지 이것을 항상 몸에 지니고 다니길 바란다.

노력할 가치가 있음을 믿어라. 태도를 성취하는 것은 매우 가치 있는 일이다. 이 사실을 깨닫지 못하면 나머지 공식도 쓸모없는 것이 된다.

새로운 사고방식을 정착시키려면 1년은 걸린다는 사실을 받아들여라. 지금까지 당신이 부정적으로 살아온 세월에 비하면 1년은 아무것도 아니다.

매일 아침을 긍정적인 지혜와 표현으로 시작하라. 하늘이 무너지더라도 아침 15분을 긍정성에 투자하라.

긍정적인 생각으로 하루를 시작하라. '나는 행복한 사람이야.' '오늘은 멋진 하루가 될 거야.' '내가 최고야!' 긍정적으로 생각하라.

당신 인생에서 부정적인 인간들을 쫓아 버려라. 그들은 당신의 시간을 좀먹으면서 사기만 저하시킨다. 쫓을 수 없는 인간, 즉 가족, 직장 상사라면 그와 보내는 시간을 줄여라.

부정적인 것들을 피하라. 부정적인 일, 부정적인 사람을 쫓아내는 연습을 매일 하라. 긍정적인 선택을 하도록 연습해야 성장할 수 있다.

폭력적인 TV와 영화를 피하라. 폭력은 부정성과 긴장감을 조성한다. 폭력은 긍정적인 에너지를 모두 앗아 갈 수 있다. 폭력은 폭력을 낳을 뿐이다.

멍청한 사람과 광신도를 무시하라. 긍정의 여행을 하다 보면 약간의 회의가 들 때도 있다. 내가 어리석은 짓을 하고 있는 것은 아닌가 하는 생각도 들 수 있다. 하지만 이것은 지극히 자연스러운 일이므로 굴하지 말고 여행을 계속하라. 바보 같은 사람과 '광신도'는 그들만의 길을 가도록 내버려 두라. 당신은 임무 수행 중이니 어떤 것도, 어떤 사람도 당신의 임무를 방해하지 못하게 하라.

TV를 꺼라. 뉴스, 특히 지역 뉴스는 보지 마라. 일기예보도 꺼라. 대신 창밖을 내다보면 된다. 당신을 행복하게 만들고 마음의 안정을 주는 당신만의 환경을 조성하라.

좋은 하루를 보낼 수 있게 도와주는 책을 읽어라. 단 몇 페이지만이라도 좋다. 당신에게 긍정적인 방향이나 생각, 영감을 주는 책을 읽어라. 그리고 배운 것을 다른 사람과 나누어라.

긍정적인 사람들이 녹음해 놓은 내용을 들어라. 그들의 메시지 덕분에 하루가 활기찰 것이다. 어려운 상황에서도 도움이 될 것이다.

성공을 부르는 환경에 몸을 맡겨라. 행복하고, 창의적이며, 용기가 솟는 환경으로 당신을 둘러싸라.

긍정성을 부르는 사람과 어울려라. 행복한 사람, 성공한 사람, 나에게 도움을 줄 수 있는 사람과 어울려라.

항상 미소를 지어라. 먼저 미소를 짓고 입을 열어라. 그러면 긍정적인 말이 나올 수밖에 없다. 대화를 나누는 모든 이들로부터 미소를 받아 내라.

모든 일에 긍정적인 반응을 보여라. 이렇게 하기 위해선 처음에는 생각이 필요하다. 말을 하기 전에 반드시 한 발 멈춰서 생각하는 습관을 키워라.

모든 일을 긍정적으로 시작하라. 무엇을 할 수 있으며, 무엇을 해낼 것인지 당신 자신에게, 그리고 다른 사람에게 이야기하라.

긍정적인 메시지, 긍정적인 글귀를 선택해서 읽어라. 매일 반복해서 읽고 듣고 또 읽어라. 이것을 1년 동안 하라.

태도 훈련과
태도 성취 행동

당신을 긍정적인 정보에 노출할 것이냐, 부정적인 정보에 노출할 것이냐는 당신의 선택이다. 언제나 긍정적인 정보에만 노출되도록 하라. 뉴스는 부정적이니 당장 꺼 버려라! 뉴스가 생각보다 쓸모없다는 사실을 발견할 것이다.

앞에서도 말했듯이 당신의 사업에 관련된 비즈니스 뉴스까지 보지 말라는 뜻은 아니다. 성공에 필요한 특정 정보가 있다면 반드시 주의를 기울여야 한다.

뉴스를 보느라 낭비하는 1시간을 독서를 하거나 긍정의 메시지를 듣는 데 사용하라. 주말을 빼고 하루에 1시간씩만 투자해도 1년이면 250시간, 혹은 24시간을 꽉 채운 10일 이상을 긍정성에 노출할 수 있다.

다른 시각으로 살펴보자. 만약 250시간을 뉴스를 보는 데 낭비해 버렸

다고 치자. 뉴스에서 성공에 도움이 될 만한 정보, 당신 가족에게 도움이 될 만한 정보가 있었는가? 아니면 당신에게 도움이 될 만한 정보가 있었는가?

"아무것도 얻지 못했다."고 대답했다면, 독서를 하거나 오디오 강의를 들었을 때를 생각해 보자. 당신은 "모든 것을 얻었다."고 대답할 것이다. 아무것도 얻지 못하거나 모든 것을 얻거나. 둘 중 하나이다.

반응으로
태도를 안다

사람들은 대체로 대답을 할 때 아무 생각 없이 입에서 나오는 대로 말한다. 누군가 당신에게 말을 걸면 자동 반사처럼 대답하는 셈이다. 안타깝게도 상대방을 많이 사랑할수록, 상대방에게 더 친근함을 느낄수록 부정적인 대답이 나올 확률은 높아진다. 오죽하면 '잘 알면 무례해진다.'라는 속담이 있을까.

상대방과 친할수록 상대방의 급소를 더 잘 알기 마련이다. 예를 들어, 형제나 자매, 친한 친구, 아내, 남편, 어머니, 아버지의 급소를 잘 알고 있을 것이다. 이는 부정성에 속한다.

'냉소적임'은 부정성의 형제이고, '비꼼'은 부정성의 사촌이며, '완전 거슬림'은 부정성의 시어머니이다.

일급비밀을 알려 주자면, 대답할 때 평서문이 아닌 의문문을 사용하면 긍정적인 분위기를 유지할 수 있다.

예를 들어, 직원이나 직장 동료가 잘못을 했다고 치자. 아마 뒷담화가 줄줄이 쏟아질 것이다. 정당하게 대면할 기회가 생겨도 잘못한 일에만 눈이 쏠리고 만다. 잘못한 직원은 이메일을 날려 대며 변명하기 바쁠 것이다. 잘못한 직원은 좋지 않은 감정을 느끼고 내면에서 부정적인 기운이 피어올라 이를 주변 사람에게 퍼뜨린다. 사소한 잘못이라도 부정적인 분위기는 몇 주 동안 회사 분위기를 망가뜨리고 생산성도 떨어뜨린다.

나? 나 같으면 직원에게 1백 달러를 쥐어 주고 말았을 것이다. 그런 다음에 질문을 던질 것이다. 무엇을 잘못했는지, 해결책은 있는지 물어보며 직원의 자존심을 지켜 줄 것이다. 128페이지에서 자녀에게 긍정적으로 대하는 법을 알려 주면서 이야기했던 것과 같은 맥락이다. 정말 최선을 다했는지 물어라. 일을 처리하는 데 더 좋은 방법은 없는지 물어라. 다음에는 더 잘할 수 있는지 물어라. "사랑한다."고 말하고 꼭 안아 주어라. 일부러 실수하는 사람은 없다. 내가 1백 달러를 준 이유는 실패의 위험 부담을 인정하기 때문이다. 덤으로 내가 그와 대면하는 이유와 방법이 가져올 수 있는 오해를 완화시키는 작용도 한다. 그가 성공하도록 돕는 것이 내 의무이다. 그는 성공의 뿌듯함만 느끼면 된다.

개인적인 이야기이지만 가정과 직장에서의 내 모습은 별반 다르지 않다. 내 딸에게 대하듯 내 직원을 사랑과 존중하는 마음으로 대한다. 이런 따뜻한 분위기에 직원들은 포옹을 바라기도 하지만.

문제점
생각해 보기

당신의 일상적인 생각과 행동이 태도를 강화시킨다. 하찮은 일이라도 올바른 마음으로 일상을 대하면 좋은 결과로 돌아올 것이다.

독서하고 글을 쓰고 생각하라. 문제점과 고민거리, 역경 없는 사람이 어디 있겠는가. 긍정적인 해결법과 부정적인 해결법은 사고방식의 차이일 뿐이다.

'쓰레기가 들어가면 쓰레기가 나온다 Garbage In, Garbage Out.'라는 말을 들어 보았을 것이다. 부정성과 긍정성도 같은 원리이다.

아침에 일어나면 긍정적인 글을 읽고, 쓰고, 생각하라.

독서, 작문, 사색의 반대말은 '질질 끌기'이다. 질질 끌기는 시간을 낭비하거나 나쁜 습관, 즉 TV 시청, 신문 구독, 쓸데없는 사람에게 이메일 보내기, 아무 이유 없이 전화하기 등의 여러 모습으로 나타난다.

태도 성취를 위한 행동 지침 - 1

하루에 단 15분만이라도 긍정적인 글을 읽어라. 하루에 2페이지면 충분하다. 하루에 2페이지만 읽어도 1년이면 730페이지를 읽을 수 있다. 하루에 2페이지씩, 매일 읽는 것이 핵심이다.

긍정성을 머리에 심고 하루를 시작하면 생산성과 의사소통 능력도 그만큼 향상된다. 하지만 여기서 그치면 안 된다. 일주일에 4~5시간을 독서나 강의 듣기에 투자하라. 아침에 눈을 떴을 때의 몇 분이 나머지 하루의 기분을 좌우한다. 추가로 독서나 오디오 강의 듣기를 하면 긍정성을 더 강화할 수 있다.

사업과 관련한 지침

아침마다 읽는 책에서 훌륭한 글귀를 뽑는 행동만으로도 회사 전체의 분위기를 바꿀 수 있다. 사무실에 도착하면, 컴퓨터를 켜고 글귀를 타이핑한다. 글을 쓴 이가 누구인지 밝히고 간단하게 꾸며서 사무실의 동료들에게 이메일로 보내 주어라.

처음에는 다들 당황할 것이다. 3주 동안 하루도 빠짐없이 이메일을 보내라. 그런 다음 하루를 쉬어라. 모두들 당신한테 몰려와서는 "나 오늘 글 못 받았는데, 어떻게 된 거야?" "무슨 일 있는 거야?" "오늘 글귀는 어떤 건데?"라며 난리를 칠 것이다.

태도 성취를 위한 행동 지침-2

앞으로 1년 365일 하루하루가 긍정 태도를 얻기 위한 새로운 날이라
고 생각하라. 오늘부터 내년 오늘까지. 매달을 시작점이라고 생각하
라. TV를 끄고 긍정적인 독서나 행동을 하는 데 투자하라.

FREE GIT BIT

회사 분위기를 화기애애하게 만들고 싶은가요? 훈훈한 회사 분위기를 만드는 데 성공한 제프리의 고객들
을 만나 보세요. www.gitomer.com에 접속해서 회원 등록을 한 다음 Git Bit 박스에 'FRANCE'라
고 쳐 보세요.

긍정 태도 성취에
결정적인 행동

178~180페이지에 나와 있는 Yes! 태도 공식을 복사하라.

· 공식을 화장실 거울에 붙인다.

· 주머니 속에 항상 지니고 다닌다.

· 아침마다 하루 일과를 준비하면서 큰 소리로 읽어라.

공식을 몸에 익히고 1년 동안 행동으로 실천하면 당신만의 태도를 성취할 것이다.

주변 사람의 도움을 받는 것이 좋겠다고 생각되면 신중하게 세네 명의 사람을 선택해 함께 실행해 나간다.

무엇을 하든 입만 나불대지 말고 즉시 행동으로 옮겨라.

하루 일과 마치고
머리 비우기

"밤에도 잠을 이룰 수 없네." 바비 루이스Bobby Lewis가 1958년 발표한 〈잠 못 들고 뒤척이네Tossin' and Turning〉라는 노래의 첫 구절이다. 당신도 고민거리 혹은 사람 때문에 잠을 설쳐 본 적이 있는가?

스트레스와 고민은 우리 삶의 많은 부분을 차지하고 있다. 스트레스를 받았는가? 고민이 생겼는가? 그럴 때 나타나는 초기 증상들이 있다.

· 징징댄다. "일이 제대로 풀리지 않아. 엉엉." "아, 슬프도다!"

· 마셔댄다. 잊기 위해, 긴장을 풀기 위해 술을 마신다.

· 불평한다. 다른 사람의 단점을 꼬집어 내고 잘못된 점만 찾아낸다.

· 남 탓을 한다. 일이 잘못되는 것은 항상 다른 사람 탓이다. "얼간이들만 아니었으면 지금쯤은 백만장자가 되었을 텐데 말이야."

· 냉소적이다. 성공한 사람과 세상 모든 것을 조롱한다.

· 욱한다. 기분 내키는 대로 폭발시키면 부정적인 에너지가 창출되고 창의적인 생각은 막힌다.

· 약에 의존한다. "밤에 잠을 잘 못 자서."라는 핑계로 약에 의존한다.

'스트레스를 줄이고', '고민을 없앤다'는 것은 잘못된 생각이다. 스트레스가 갖는 부정적인 에너지를 긍정적인 에너지로 변화시킨다는 것이 바른 생각이다. 이렇게 생각하면 고민거리를 싸안고 잠자리에 드는 대신 평화와 안정된 마음으로 잠들고 해결책과 함께 눈을 뜰 수 있다.

스트레스는 성공하는 과정에서 만나는 '어려움'의 일부분으로, 자연스러운 현상이다.

하지만 스트레스와 고민 역시 선택의 문제이다. 똑같은 생각이라도 스트레스나 고민으로 둘지, 생각을 긍정적인 에너지로 변화시켜 문제를 푸는 데 사용할지는 당신의 선택이다.

대부분의 사람들은 처리하지 못한 일이나 돈 문제, 열정 때문에 잠을 설친다. 돈에 쪼들릴 때에는 하루의 30퍼센트 이상의 시간을 돈 걱정에 쓴다.

만족과 성공은 서로 배타적이라는 것을 명심하라. 성공해도 만족하지 못하는 부정적인 사람들이 많다.

나? 나는 베개에 머리만 대면 잠들고, 상쾌한 기분으로 아침을 맞는다. 모닝커피 따위는 필요 없다. 내가 할 일에 대해 고민하거나 가진 것을 잃을까 전전긍긍하지 않는다. 언제나 열린 마음으로 새날을 맞이할 준비가 되어 있다. 그래서 아침에 멋진 아이디어가 떠오른다. 글을 쓰다가, 독서하다가, 산책하다가, 조깅하다가, 샤워하다가도 아이디어들이 쏟아진다. 당신도 할 수 있다!

일급비밀을 또 하나 알려 준다면, 떠오르는 모든 아이디어를 적어 놓아라. 나는 노트북컴퓨터를 항상 곁에 둔다. 그리고 잠들기 전에 내가 할 일과 해결해야 할 문제를 적는다. 그렇게 전부 적고 나면 마음이 가벼워진다.

간단하다! 고민거리, 도전 목표, 장애물, 아이디어를 전부 기록하라.

다음과 같은 간단한 목록을 만들어라.

- 해야 할 일 목록 : 당신이 해야 할 일은 사소한 일까지 모두 적는다.
- 전화 목록 : 전화해야 할 사람을 전부 적는다.
- 버려야 할 목록 : 크고 작은 인생의 짐을 전부 적는다.
- 해결할 일 목록 : 결정 내릴 일, 해결할 일들을 전부 적는다.
- 돈거래 목록 : 아직 못 받은 돈과 내야 할 돈까지 모든 돈 문제를 적는다.

고민거리 때문에 안달하지 말고 마음을 편히 가져라. 그러면 해결 방법

글쓰기를 통해

당신이 이룬 것, 당신의 장점,

당신이 꼭 잡아야 할 것과

사랑해야 할 것을 깨달을 수 있다.

-제프리 지토머

이 저절로 떠오른다. 과거에 이루었던 성공이나 승리를 생각해 보자. 친구들과 즐겼던 휴가처럼 걱정거리 없이 좋았던 시절도 떠올려 보자. 감사히 여겨야 하는 일을 모두 떠올려 보자.

좋은 시절을 떠올릴 때에도 가끔 생각이 막히곤 한다. 깜빡하고 적지 못한 일들이 당신을 아직도 괴롭히고 있는 것이다. 다시 목록으로 돌아가 모두 적어라. 적으면서 모든 것을 내려놓는 것, 이것이 목록 작성의 신비한 힘이다.

당신의 의식이 비워지면 무의식 속에 갇혀 있던 해결 방안과 새로운 아이디어가 떠오를 것이다. 그러면 겨울잠을 자는 곰처럼 편안하게 자고 아침에 눈을 뜸과 동시에 생각지도 못했던 해결 방안들이 쏟아질 것이다. 마치 마법처럼 문제 해결 방안들이 번쩍번쩍 뇌리를 스칠 것이다. 위 과정을 반복할수록 더 좋은 방안들이 나올 것이다.

스트레스를 선택하는 것은 나쁜 선택이다.

하루를 마감하면서 노트북컴퓨터나 종이에 모든 것을 쏟아 내라. 정신을 해방시켜라. 정신의 해방은 실로 놀랍다! 어수선한 마음이 보지 못한 기회를 선명하게 보여 준다.

사소한 헛소리까지 전부 적어서 머리를 비운 다음에는 좋은 것만 생각하라.

'적어 놓기'는 태도 레슨의 또 다른 방법이다. 글을 쓰면서 화났던 일, 즐거웠던 일까지 전부 쏟아 내게 된다. 분노는 표출하고 기쁨은 다시 새기는 것이다. 부정성은 배출하고 긍정성은 다시 받아들이는 것이다.

NO를 대신할 수 있는
경이로운 대답

YES!

긍정 태도에 Yes! 추가하기

Yes! 추가하기야말로 이 모든 과정의 꽃이라고 할 수 있다. 생각하는 방법과 말하는 방법에 Yes!를 추가해야 한다. 그러면 태도에 의미를 더해 주고, 태도를 더 강력하게 만든다.

먼저 Yes!로 생각하라. Yes! 생각이 당신 내면에 잠자고 있는 Yes! 본능을 깨워 Yes! 반응에 도달하게 해 줄 것이다. 'No!'라는 대답이 뻔히 보일 때에도 Yes! 언어를 개발하라. Yes! 언어로 답하면, 당신의 답을 받아들이는 상대방의 인식 또한 긍정적으로 될 것이다.

Yes! 언어를 사용하기 위해서는 Yes! 사고방식을 거쳐야 한다. 당신에게 주어진 일을 할 수 없다거나, 문제를 잘 해결할 수 없다고 상대방을 밀어내지 마라. 그리고 다음과 같은 방식으로 말문을 열어라.

"일을 처리할 수 있는 최선의 방법은……", 혹은 "성과를 낼 수 있는 가장 빠른 길은……", 또는 "일을 끝내는 가장 쉬운 방법은……."

Yes!로 대답하려면 Yes!(제가 무엇을 할까요? 어떻게 도울까요?)를 생각해야 한다. 그런데 사람들이 Yes!보다는 No!를 먼저 떠올리는 것은 Yes! 사고방식과 Yes! 표현 뒤에 숨겨진 힘을 모르기 때문이다.

No!를 대신할 수 있는 경이로운 대답이 Yes!이다.
비웃는 사람이 있을지 모르지만, 이 글귀야말로 No!의 생각을 Yes!의 생각으로 바꾸어 주는 핵심 글귀이다.

Yes!의 힘이 강력한 이유는 상대방에게 희망을 채워 주기 때문이다.

Yes!의 힘이 강력한 이유는 Yes!의 메시지를 전달하는 사람이 일을 해결할 수 없다고 말하거나, 수박 겉핥기식으로 간과하지 않고 해결 방안을 찾게 하는 힘이 있기 때문이다.

Yes!의 힘이 강력한 이유는 긍정적인 분위기와 미소, 통쾌한 웃음뿐 아니라 긍정적인 결과, 긍정적인 말을 이끌어 내기 때문이다.

Yes!의 비밀
사용하기

비밀은 의외로 간단하지만 95퍼센트의 사람들이 비밀을 모르고 살아간다. 아니, 비밀을 '알고'는 있겠지.

아마 내가 소개한 몇몇 지침을 깨작거리며 시도해 본 사람들도 있을 것이다. 심지어 긍정적인 태도를 가지고 있다며 자신을 대견스럽게 여기는 사람도 있을 것이다.

하지만 그들은, 어쩌면 당신도 태도를 제대로 연구하고 공부한 적은 단 한 번도 없을 것이다. 태도에 온몸을 풍덩 던지지는 않은 것이다. 하루하루 태도 지침을 되새기며 행동 하나하나에 적용시키지는 않은 것이다!

자, 이제 때가 왔다!

당신에게 시간을 투자하기로 결단을 내릴 때가 온 것이다. 이 세상에서 가장 소중한 당신, 바로 당신에게!

지금까지 당신을 위한 지침 사항들을 읽어 보았고 어떤 내용인지 잘 이해했을 것이다. 아직 당신이 모르는 것이 있다면 바로 긍정적인 태도가 가져다 줄 마음의 평화와 자유이다.

· 당신의 노력으로 긍정적인 태도를 얻었다는 것, 평생 당신의 태도를 앗아 갈 사람은 없음을 깨달아라!
· 어떤 역경이 와도 긍정적인 태도는 언제 어디서나 당신과 함께 한다는 것을 깨달아라!

태도의
재발견

이유 알기, 자신에게 물어보기

긍정적인 태도를 발견하고 행동으로 실행하려면 가장 중요한 단계가 있다. 스스로에게 물어보라.

- 나에게 긍정적인 태도가 '왜' 중요할까?
- 내가 '왜' 이 과정을 겪어야 하는가?
- 이 과정이 나에게 '어떻게' 도움이 될까?

진정한 '이유'를 찾는 것이 태도 획득에 가장 중요하다. 잘못된 이유, 예를 들어 다른 사람을 위해 태도를 얻겠다는 것은 태도 획득에 힘을 실어 주지 못한다.

나는 이 책의 앞부분에서 태도는 이기적이라고 이야기했다. 당신을 위해 태도를 다져라. 이것이 진정한 이유다. 먼저 당신 자신을 위해 최고의 사람이 되어라.

최고의 엄마, 최고의 아빠, 최고의 남편, 최고의 아내가 되려면, 무엇보다 당신 스스로 최고가 되어야 한다. 당신 자신을 위해 최고의 사람이 되면, 다른 사람에게 최고가 되는 것은 식은 죽 먹기이다.

당신 자신을 위해 태도를 다져라. 그러면 당신 주변에 있는 사람들까지 덩달아 태도의 혜택을 영원히 누리게 된다. 나를 한 번 믿어 보라!

때 알기, 오늘을 새롭게 시작하라!

당신만의 긍정적인 일을 하기 위해 오늘의 계획을 세워라. 날마다의 계획을 세워 1년분의 계획을 준비하라.

나는 쓸데없는 일이나 사람 때문에 자신의 행복을 미루는 사람을 보면 미쳐 버릴 것 같다.

태도를 다지기 위해서 178~180페이지에 나와 있는 공식을 다시 살펴보고, 지금 당장 시작할 수 있는 일을 적어 보라. 178~180페이지를 복사해서 사용하거나 잘 보이는 곳에 붙이는 것도 좋다.

이 단계는 태도를 시각화하는 가장 첫 번째 작업이다. 해야 할 일을 적어 놓고 눈으로 보는 것이 일을 최우선시하는 가장 좋은 방법이다.

다음으로 행동을 지속적으로 유지하는 것이 중요하다. 사실 이 부분이 가장 어려운 단계이다. 태도를 강화하는 동안 끊임없이 시험에 들 것이기 때문이다.

방법 알기, 긍정적인 생각으로 시작하기

태도는 결국 당신 뜻에 달려 있다는 것, 그 사실을 깨닫는 최적의 시간은 잠들기 직전이다.

머리를 베개에 대면서 무슨 생각을 하는가? 앞에서 머리를 비우고 모든 것을 적으면서 내려놓으라고 이미 말했다. 이렇게 하면 말투를 다듬고 마음을 비우는 데 큰 도움이 된다.

하지만 잠들기 바로 직전에는 인생 최고의 순간을 그려 보아야 한다. 긍정적인 생각으로 잠들면 긍정적인 생각으로 일어날 수 있기 때문이다.

나는 7학년 때 독학으로 이 방법을 깨우쳤다. 밤마다 침대에 누워 내 인생 최고의 순간을 상상했고, 그 상상들이 현실에서 실현되었다! 휴가, 파티, 가족과 친구와 함께 보내는 즐거운 시간을 생각했고, 내가 되고 싶은 사람, 내가 가고 싶은 장소를 그려 보았다. 내가 생각할 수 있는 긍정적인 생각들을 총동원했다. 나는 매번 3분도 되지 않아 잠들었다.

Yes!의 태도 이해하기

Yes!의 태도는 '예스맨'이 되는 것과는 엄연히 다르다. 항상 Yes!라고 말하는 것이 아니라 Yes!를 생각하는 것, Yes!의 정신을 갖는 것, Yes!의 인생을 사는 것, 모든 사람, 모든 것에서 Yes!를 이끌어 내는 것이 진정한 Yes!의 태도이다. 말과 행동을 보강할 수 있는 방법이 Yes!의 태도이다.

당신의 수많은 생각들 가운데 하나가 Yes!가 아니라, 당신이 떠올리는 첫 번째 생각이 'Yes!'여야 한다.

Yes!의 태도는 한 문장으로 정의 내리기 어려울 만큼 흥미롭다. 긍정적인 태도처럼 Yes!의 태도 역시 60억 인구 수만큼 존재한다.
당신만의 Yes!의 태도를 정의 내려라. Yes!의 태도를 정의 내리는 것에 그치지 말고, 당신만의 Yes!의 태도로 살아라!

일단 긍정적인 태도를 가지면 Yes!의 태도는 1년 혹은 2년 뒤에 자연스럽게 따라온다고 나는 믿는다. 차원 높은 학문이나 정신을 깨우치는 것과 마찬가지로 태도를 마스터하려면 시간이 걸리게 마련이다.
조금씩 긍정성을 키워 나가라. Yes!의 경지에 도달할 때까지 날마다 긍정성을 키워 나가라.

내 손녀딸은
Yes!를 쏟아 낸다

Yes!의 태도를 보여 주는 최상의 예를 소개한다.

나는 샬럿Charlotte의 베이글 가게에서 딸 레베카Rebecca와 사위 마이크Mike와 아침을 먹고 있었다. 여덟 살이 된 예쁜 손녀딸 모르간과 네 살배기 클라우디아Claudia도 함께 있었다. 모르간은 테이블을 가로질러 무언가를 집으려다가 우유컵을 쏟아 사방으로 우유가 튀고 말았다. 모르간은 엎질러진 우유를 보며 "오늘은 첫 번째로 우유를 쏟았네!"라고 외쳤다.

그 말을 듣고 나는 황홀할 지경이었다. 마치 Yes!의 태도가 모르간의 일부분인 듯 너무나 자연스럽게 그 말이 튀어나왔다.

모르간은 긍정적인 아이다. 모르간의 부모 역시 긍정적이다. 모르간의 할아버지가 토대를 마련해 준 덕분이다.

태도도 유전처럼 전해진다. 아이는 부모나 다른 가족들을 존경하고 닮고 싶어 한다.

Yes!는 마음에서 오는 것이 아니라 영혼에서 나온다.

Yes!는 입에서 나오는 것이 아니라 가슴에서 나온다.

Yes!는 말이 아니라 사고방식의 가장 앞에 있는 생각이다.

Yes!를 생각해야만 "Yes!"라고 말할 수 있다. 사고가 올바르면 나머지는 자연스럽게 따라온다.

일단 Yes!부터 생각하라. 나머지는 자연스럽게 긍정적으로 바뀐다.

태도의
전환점과 시작점

내가 태도를 성취했다고 깨달은 날이 있다. 내 앞길을 방해하는 것은 아무것도 없었고, 세상과 맞서 이길 자신도 있었다.

하지만 내가 어떻게 태도를 성취했는지 설명할 수는 없다. 모르는 사이에 태도가 나에게 와 있었다. 긍정적인 태도 지침을 너무나 오랫동안 따르고 있었기 때문에 자연스럽게 와 있었던 것이다. 나와 태도가 어느새 하나가 되어 있었다.

태도를 얻기 위해 날마다 공부하고, 날마다 자기 훈련을 실시하고, 날마다 시간을 투자하면, 긍정적인 태도가 자연스럽게 내면에 자리 잡는다. 긍정적인 태도는 소리 없이 다가오기 때문에 자신의 말과 행동에서 긍정적인 태도를 발견할 때까지 자신도 깨닫지 못한다.

내가 태도를 얻은 방법, 신화 혹은 실화

내가 어떻게 긍정적인 태도, Yes!의 태도를 얻을 수 있었는가?

태도의 중요성을 스스로에게 어떻게 납득시켰는가?

내 평생 최고의 자산은 왜 긍정적인 태도인가?

태도를 성취하는 과정에서 어떤 어려움이 있었는가?

나의 외삼촌은 의사였다. 자연스럽게 엄마도 의사가 되었고, 엄마는 나도 의사가 되길 바라셨다. 하지만 나는 아버지처럼 사업가가 되고 싶었다. 나는 1969년 뉴저지New Jersey 캠던Camden에 회사를 차렸다. 휴식용 가구와 빈백 의자beanbag chair, 콩알 모양의 충전재가 들어 있는 쿠션 형태의 의자를 만드는 회사였다. 나는 천부적인 화술을 갖고 있었지만 판매의 과학은 아무것도 알지 못했다. 그래도 내 사업은 대박은 아니어도 중간 정도는 했고, 나는 파트너를 영입해 판매고를 올리는 데 집중했다.

그러던 1972년 초 어느 날, 친구 두 명이 회사로 나를 찾아왔다. 친구들은 '감히 위인이 되어라 Dare to be great'라는 다단계 마케팅 회사에 관해 이야기했다. 글렌 터너 Glenn Turner가 누구이며 밍크 오일이니 뭐니 하면서 설명하기 시작했고, 다른 사람이 2천 달러를 투자할 때마다 나에게 1천 달러가 돌아온다고 했다.

세부 사항은 기억나지 않지만 W.C 필즈 W.C fields가 출연한 영화 《뱅크 딕 The Bank Dick》의 한 장면 같았다. 러셀 힉스 Russell Hicks가 W.C 필즈에게 네바다 Nevada 립프로그 Leap Frog에 있는 '비프스테이크 광산 Beefsteak Mines' 주식 5천 개를 주당 10센트를 받고 팔아넘기는 유명한 장면 말이다. 말도 마라, 나는 이 장면을 외우다시피 한다. 세일즈에 가장 많이 이용되는 영화 내용 중 하나니까!

친구들은 나에게 "긍정적인 태도를 얻을 수 있어. 효과적으로 세일즈하는 법도 배우고 큰 수익도 낼 거야. 당장 시작하자, 지금 당장!" 하면서 몰아세워 나를 설득하는 데 성공했다.

결국 나는 회사를 파트너에게 넘기고 글렌 터너의 '감히 위인이 되어라'라는 그룹에 뛰어들었다. 그리고 아침 8시부터 정오까지 열 명 남짓 되는 사람들과 긍정적인 태도 수업과 세일즈 수업을 들었다. 하루에 4시간, 매일 1년 동안.

우리는 《심리인공두뇌학 Psycho-Cybernetics》, 《크게 생각할수록 크게 이룬다 The Magic of Thinking Big》, 《카네기 인간관계론》, 《가르시아 장군에게 보내는 메시지 A Message to Garcia》를 읽고 학습했다. 영화까지 봤다. 《미국에 대한 도전 Challenge to America》이라는 16㎜ 영화였는데, 매 수업을 시작하기 전에 이 영화를 봤다. 최고의 세일즈 고전이었다.

당대 최고의 판매왕 J. 더글라스 에드워즈 J. Douglas Edwards, 빌 고브 Bill Gove, 허브 트루 Herb True, 지그 지글러, 프레드 허먼 Fred Herman 등등의 메시지를 전해 듣고 학습했다. 카세트테이프라는 '최첨단 기술'을 이용해서 말이다.

그중에서 우리가 절대적으로 신봉했던 책은 바로 나폴레온 힐이 쓴 고전 《놓치고 싶지 않은 나의 꿈 나의 인생》이었다. 우리 팀에는 열 명의 사람들이 있었는데, 총 16장으로 구성된 책의 한 장이 끝날 때마다 감상문을 써서 발표하는 시간을 가졌다. 우리는 1년 동안 감상문 발표를 계속했다. 내가 1년 동안 책을 몇 번 읽었는지 계산해 보면 답이 나올 것이다. 게다가 나는 다른 열 사람의 의견도 들을 수 있었다. 그들 모두 나와 같은 목표를 향해 열정적으로 달려가는 사람들이었다.

팀원들은 우리만의 언어를 만들어 내기도 했다. 문제점은 '일시적인 상황'이라고 불렀고, 장애물은 '태도 확인 과정'이라고 불렀다. 그리고 부정적인 사람은 '화성인'이라고 불렀다.

내가 긍정적인 태도를 얻기 위해 물불 안 가릴 당시, 아내는 쌍둥이를 실패를 통해 성공을 배울 수 있다.

-맥스 지토머(나의 아버지)

임신하고 있었다. 당연히 아내와의 관계는 냉랭해졌고 은행 잔고도 그리 넉넉하지 않았다. 소위 말하는 '직업적인' 관점에서 보면 나는 현실적인 목표도 방향도 상실한 셈이었다.

돈도 방향도 없는 내 삶은 초라했다. 하지만 나는 긍정적인 태도를 포기하지 않았다.

친구들은 그런 상황에서도 내가 어떻게 두 팔을 치켜들고 "좋았어!"를 외칠 수 있는지 의아해 했다.

그 당시만 해도 나는 아직 긍정적이지 않았다. 하지만 꾸준히 긍정적인 태도를 실행하면 결국 긍정적인 태도를 얻게 될 것이라고 굳게 믿고 있었다. 그렇게 나는 간절하게 긍정적인 태도를 원했다. 공책을 펴고 녹음기를 들었다. 얼 나이팅게일의 조언을 받아 적었다. 그것들을 살아 있는 묘약으로 여기고 '학습'을 현실 세계에 적용시키기로 결심했다.

당신이 꼭 알아야 할 것이 있다. 내 친구들은 나를 미치광이 취급했다. 그도 그럴 것이 나는 《미국에 대한 도전》이라는 영화를 일주일에 다섯 번 보는 것으로도 모자라 프로젝터를 집으로 가져가 주말마다 친구들에게 이 영화를 보여 주었다. 친구들은 내가 미친 게 틀림없다고 생각했다. 반면에 나는 드디어 내가 주도권을 갖게 되었다는 확신이 들었다.

그러던 어느 날, 아침에 눈을 떠 보니 내가 긍정적인 태도를 가지고 있는 것이 아닌가! 언제 어느 날이었는지 나도 확실히 알 수는 없지만, 분명한 것은 어떤 태클이 들어와도 나를 막아서지 못하도록 내가 해낸 것이다. 나는 새롭게 발견한 '정신적 부유함'을 '현실적 부유함'으로 변환시키기로 결심했다.

나는 또한 판매의 달인이 되어 있었다. 판매 과학과 최고가 되려는 열정, 삶을 향한 열정, 지식을 모두 접목시켜 사람들을 설득할 수 있었다.

나는 '긍정적인 태도를 가진 살아 있는 전설'이 되기 위해 학습에 몰두했다. 어떤 사람은 내가 긍정적인 태도를 가졌다고 스스로를 속인 것이 아니냐고 할 수도 있겠지만, '속였다'의 정의가 너무 약하다. 내가 긍정적인 태도 속에 이미 살고 있다고 말하는 게 더 맞을 것이다.

그리고 나는 내가 '실제로' 긍정적인 태도를 얻을 때까지 꾸준히 노력했다. 그리고 태도를 성취했다!

그 후 수십 년이 흘렀다. "제프리, 여전히 긍정적인 태도를 가지고 있나요?"라고 묻고 싶을 것이다. 그보다 "그동안 긍정적인 태도를 어떻게 유지해 왔죠?"라고 묻는 것이 올바른 질문일 듯하다.

살다 보면 산전수전 다 겪게 된다. 그중에는 당신이 손쓸 수 없는 일도 허다하다. 하지만 긍정적인 태도를 얻는 것은 당신이 할 수 있는 일이다.

다른 사람과 마찬가지로 나 역시 우여곡절을 겪었다. 부모님이 돌아가

셨고, 인간관계가 삐걱거린 적도 있고, 돈이 모자라거나 땡전 한 푼 없던 적도 있었다. 파산한 적도 있고, 거절당한 적도 있었다. 큰 실수를 저지르기도 했고 목 수술을 받기도 했다.

이런 크고 작고, 사소하고 일반적인 일이 내 인생에도 가득하다.

30년이 넘는 세월 동안 내게 어떤 일이 일어나든 내 마음은 항상 '긍정'에 고정되어 있다. 문제점이나 고민거리는 날려 버리고 항상 새로운 마음으로 앞으로 나아갈 준비가 되어 있다.

실패, 어려움이나 다른 '태도의 확인 과정'은 현실이다. 현실은 태도의 강도를 테스트하는 것이다. 나는 파산했을 때조차 '일시적인 상황'이라며 괴로움과 고민을 날려 버렸다.

태도 획득의 규칙

긍정적인 태도, 긍정적인 생각, 긍정적인 말, 긍정적인 사람, 긍정적인 행동에 빠져라. 긍정성에 빠지면 긍정적인 태도는 당신의 것이다. 내가 장담한다!

당신 생각처럼, 어쩌면 나는
미치광이일 수도 있다.
하지만 나는 그냥 미치광이
가 아니다.
**긍정적인 태도를 가진
미치광이다.**

태도를
유지하는 방법

'삐걱거리는 바퀴에 기름칠한다 The squeaky wheel gets the oil'는 말을 들어 봤을 것이다. 하지만 바퀴가 왜 삐걱거리는지 설명해 주는 사람은 단 한 명도 없었다.

바퀴가 왜 삐걱거릴까? 정답은 녹슬어서, 자주 사용하지 않아서, 혹은 잘못 사용해서.

태도 유지의 규칙

하루하루 태도를 향상시켜라. 자신과 대화를 나누어라. 자신에게 책을 읽어 주어라. 자신에게 글을 써라.

긍정적인 태도를 얻기 위해 오늘 아침 무엇을 했나? 아마도 당신은 아무것도 하지 않았거나 충분히 공부하지 않았을 것이다.

나는 날마다 긍정적인 글을 한두 페이지 읽는다. 35년 동안 계속 해 온
습관이다. 앞으로 딱 35년만 더 하고 그만둘 것이다.

태도 유지 방법 자세히 살펴보기

◆ 태도를 계속 유지하는 방법

· 매일 긍정적인 글을 읽는다.

· 매일 긍정적인 생각을 한다.

· 안식을 취하고 생각을 정리하는 '태도 피난처'를 만든다.

· 매일 긍정적인 말을 한다.

· 길을 걷기 전에 방향을 확실히 알고 있어라.

◆ 태도 유지 훈련하기

· 긍정적인 태도를 실행한다.

· 친절한 행동을 실행한다.

· 온종일 긍정적인 말을 사용한다.

◆ 태도 유지를 방해하는 것

· 당신과 맞서는 사람

· 논쟁

· '삶은 괴롭다'는 생각

◆ 태도 유지에 활기를 주는 것

· 어린아이의 천진난만한 행동

· 어린아이의 화법

· 공원 산책

· 친구와의 대화

· 긍정적인 책 읽기

· 좋아하는 음악 듣기

아침 15분, Yes! 태도 운동

아침에 일어나자마자 팔굽혀펴기를 하는 사람이 있을 것이다. 팔굽혀펴기로 근육을 단련시키는 것이다.

지금 하는 뇌 운동은 몸 근육이 아니라 정신 근육을 단련시키는 것이다. 더 정확하게 말하면 생각 근육, 즉 태도 근육을 단련시키는 운동이다.

아침 15분, 날마다 태도 단련 운동을 하면 당신의 태도 근육이 잘 자라서 훌륭한 태도를 가꿀 수 있을 것이다. 뿐만 아니라 멋진 근육처럼 멋있는 태도를 보일 수 있을 것이다.

또 하나, 비밀을 알려 주자면 태도 근육은 아무리 나이가 들어도 노화하지 않는다!

다음 지침을 따르면 올바른 방향으로 생각이 흘러갈 것이다.

1. 긍정적인 생각을 만들어라.

2. 긍정적인 생각을 읽어라.

3. 긍정적인 생각을 적어라.

4. 오늘 실행할 긍정 행동을 계획하라.

5. 당신과 다른 사람에게 긍정적인 말을 하라.

6. 다른 잡스러운 문제는 모두 무시하라.

아침에 일어나서 가장 처음으로 하는 행동이 나머지 하루를 결정할 수
있다. 아침을 유용하게, 그리고 즐겁게 시작하라!

FREE GIT BIT

훌륭한 작가가 되고 싶은가요? 글쓰기 훈련이 더 필요하겠지요. 제프리의 글쓰기 노하우가 궁금하다면,
www.gitomer.com에 접속해서 회원 등록을 한 다음 Git Bit 박스에 'WRITE RIGHT'라고 치세요.

태도를
재정비하라

글쓰기는 나의 생각과 태도의 버팀목이라고 할 수 있다. 1992년 3월부터 세일즈와 고객 서비스, 충성심, 태도, 자기 계발에 대한 칼럼을 쓰기 시작하면서 내 인생은 180도로 달라졌다. 글을 쓰면서 나는 엄청난 돈방석에 앉았다. 작가가 되겠다는 생각은 한 번도 해 본 적이 없었다. 하지만 나는 글을 쓰기 시작했고, 나머지는 어느 순간 이루어지고 말았다.

당신이 읽고 있는 이 책은 내가 일곱 번째 쓰는 책이다. 이 책을 쓰면서 나의 긍정적인 태도는 더 강력해졌다. 책을 쓰면서 새 아이디어가 떠올랐고, 잊고 있던 기쁨을 다시 찾게 해 주었다. 실패와 성공의 기쁨을 재발견한 셈이다.

당신에게도 똑같은 일이 일어날 수 있다. 일단 시작하라!

동기와 영감의 차이는 바로 '충만함'에 있다. 태도는 동기를 부여
해 주는 것이 아니라 '영감을 불러일으키는' 것이다.

7
PART

충만한 태도

성공과
성취의 차이

엄청나게 성공했지만 불행한 삶을 사는 사람이 내 주위에도 넘쳐 난다. 불행한 삶이라기보다 충만하지 않은 삶을 산다고 하는 것이 더 맞을 것이다. 그들은 성공했어도 불행한 사람들이다. 성공했지만 회의적으로 사는 사람도 있을 것이고, 분한 마음으로 사는 사람도 있을 것이다. 그보다 더 최악인 것은 성공했지만 '허망한 인생'을 사는 사람들이다.

나의 아버지는 성공한 사람이었지만 허망한 삶을 살다 가셨다. 처음부터 아버지가 불행했던 것은 아니다. 하지만 세월이 지날수록 자신의 길을 인정해 주지 않는 사람들에게 회의적으로 변했다. 정작 사람들은 자신들이 아버지에게 하는 행동에 신경 쓰지 않았다. 아니, 아버지에게 관심도 없었다는 말이 더 맞을 것이다.

허망한 삶이 아니라 희망의 삶으로 극복해야 한다! 나는 아버지를 통해 모든 것을 극복하고 더 발전해야 한다는 교훈을 배웠다.

Yes!의 태도를 평생 가지고 살면 행복, 감사함, 축복을 누리는 이점이 있다. 충만함은 행복의 연장선상에 놓여 있다. 일에 대한 애정, 높은 자존감, 성취감이 모두 조화를 이루어야 충만함을 느낄 수 있다. 자기 확신이 가득하면 밖으로 표출되기 마련이고, 평화롭고 충만한 기운이 드러난다.

충만함은 가진 것에 만족할 줄 아는 자세를 뜻한다. 처한 상황이나 주변 사람에 상관하지 않고 끊임없이 행복한 것을 의미한다.

그렇다면 긍정적인 태도와 행복의 가치는 과연 무엇인가? 돈으로는 값

"더 나은 태도를 검색해 보려면 어디로 가야 하지? 네이버? 다음?"

을 매길 수 없다는 것이 태도와 행복이 가지는 최고의 가치이다. 충만함의 가치를 결정하는 사람은 바로 당신이다. 날마다 다른 가치, 그리고 풍요를 발견해 나갈 수 있다.

긍정적인 태도와 Yes!의 태도는 긍정적인 결과를 가져오므로 당신의 경력에 매우 유익하다. 특히나 세일즈 분야에 종사하는 사람에게는 더 유익하다.

나는 물건 하나를 팔려고 시도할 때마다 성공할 것이라고 믿는다. 고객으로부터 Yes!를 이끌어 내리라고 믿는다. 프레젠테이션을 할 때마다 성공할 것이라고, Yes!를 이끌어 낼 것이라고 믿는다. 그러므로 나는 항상 충만함을 느낀다. 특히 돈을 받아 들고 나갈 때는 더욱 그렇다!

하지만 진짜 질문은 '무엇이 당신을 충만하게 하는가?'이다.

열정을 가진 분야에서 최고가 되는 것? 대출금을 갚고 빚을 청산하는 것? 당신 책이 출간되는 것? 책 출간은 나에게도 매우 충만한 순간이다. 충만한 순간은 사람마다 다를 것이다. 하지만 그것이 무엇이든 태도가 당신이 원하는 곳으로 데려다 줄 것이다.

충만함은 비 갠 후 잠깐 생겼다 사라지는 무지개처럼 일시적인 현상이 아니다. 충만함은 항상 지속된다. 당신이 목표를 이루었을 때, 가족의 일을 자랑스러워할 때, 원하는 일을 할 때, 다른 사람들이 꿈을 이루도록 도와줄 때도 충만함은 계속된다.

충만한 태도는 그러한 순간들을 유지할 때 나온다. 절망 혹은 위기의 순간에 충만한 태도를 불러도 당신을 기다리고 있다. 비극적인 순간이나 건강상의 문제에서 당신을 구해 주면서 태도도 충만해져 간다.

충만한 태도는 당신 주머니가 가벼울 때 돈이 있는 곳을 볼 수 있게 도와주고 지나친 방종에서 구해 주며, 안개 없는 맑고 선명한 삶으로 당신을 인도할 것이다.

충만한 태도는 당신의 배우자나 부모, 자녀가 사랑과 격려가 필요할 때 당신을 돕는다. 그들을 꾸짖지 않고 용기를 북돋아 주도록 당신을 도울 것이다.

나는 여태껏 내 태도를 선물로 여겨 왔다. 내 자신에게 준 선물이며, 내 자신에게 준 축복이기도 하다.

Yes! 태도가 주는 자유

정신적인 자유. 긍정적인 태도를 가지고 있을 때에만 생각하고 창조할 수 있는 자유.

책 앞부분에서 말했던 것인데, 말다툼이 끝나고 나서야 '아까 저 얼간이한테 이렇게 말했어야 했는데' 하고 갑자기 생각나는 경우가 있다.

여기서 얻을 수 있는 교훈, 부정성은 창조를 가로막는다!

당신에게 백 번도 넘게 일어났던 상황이라 쉽게 이해할 것이다. 하지만 충만함을 얻으려면 의사 결정의 순간과 반응의 순간을 더 깊고 중요하게 생각해야 한다.

많은 사람들이 중요한 날에 사소한 일로 많이 싸운다.

왜 그럴까? 감정이 최고조에 달해 있기 때문에 진짜 감정, 진짜 태도가 튀어나오는 것이다.

결혼식 날을 살펴보면 바로 알 수 있다. 말다툼과 눈물이 뒤범벅되고, 결혼 결심을 후회하고, 심지어 결혼식을 취소하기도 한다. 이는 말다툼의 결과라기보다 태도의 결과라고 볼 수 있다. 즉, 태도가 부정적이었기 때문에 말다툼 자체가 가능했던 것이다.

가족사를 돌아보라. 개인사를 돌아보라. 사업을 돌아보라. 사회생활을 돌아보라. 당신의 기분이나 감정이 부정적이었을 때 다른 사람을 대했던 당신의 태도를 돌아보라. 후회되는 일이 대부분일 것이다.

"완벽한 인생을 살라. 완벽한 생각을 하라. 그러면 모든 것이 장밋빛이 될 것이다."라는 얘기가 아니다.
"언제나 100퍼센트 긍정적이어야 한다. 그렇지 않으면 무지개 뒤에 숨겨져 있는 금광을 발견하지 못할 것이다."라는 얘기가 아니다.
"내재되어 있는 감정과 생각을 주시하면 나중에 후회할 만한 행동이나 말을 피할 수 있다."라는 얘기다!

주의하지 않고 내뱉은 말과 행동 때문에 무릎이 닳도록 사과하고, 비굴하게 굴고, 지구가 멸망하는 절망감에 빠졌던 적이 있을 것이다. 이런 경험이 없는 사람이 과연 몇이나 될까? 당신도 있고 나도 있는 경험이다.

충만함을 얻는 핵심은 좀 더 주의를 기울이고, 경솔한 행동을 줄이는 것이다. 하지만 이 방법은 다른 사람 혹은 사물이 당신의 시야를 가리고 생각을 방해하기 때문에 가장 어려운 훈련이기도 하다.

안타깝지만 사람들이 무심코 내뱉는 말은 방어적이고 시비조에 가깝다. 현실이 그렇다. 하지만 태도의 달인인 당신이 할 일은 부정적인 상황에서도 차분한 마음을 만들어 내는 것이다. 그럴수록 충만함은 계속 채워진다.

"잘한다, 우리 아가! 엄마한테 오렴!"

막 걸음마를 배우는 한 살배기 아기나 첫돌을 맞이하는 아기에게 말하듯 다른 사람에게 말해야 한다. 용기를 북돋아 주고 축하해 주라는 말이다.

당신의 첫 걸음을 떼던 날을 기억하지 못할 것이다. 당신의 돌잔치도 기억하지 못할 것이다. 하지만 걸음마를 배우는 당신과 첫돌을 맞이한 당신이 받았던 사랑과 칭찬은 고스란히 남아서 당신은 여태껏 잘 걷고, 매년 생일을 맞이하고 있다.

다른 모든 사람을 한 살짜리 어린아이처럼 대하라. 단, 어린아이 말투를 사용할 필요는 없다.

세상 사람들이 다 알지만 까맣게 잊고 있는 성취의 비밀은, 바로 격려이다. 사람들을 격려할수록 더 충만해질 것이다. 사람들을 칭찬할수록 더 충만해질 것이다. 사람들에게 감사할수록 더 충만해질 것이다. 그리고 더 감사하는 사람이 될 것이다.

산타클로스는
존재한다!

산타클로스가 없다고 생각하는가? 그렇다면 잘못 생각해도 한참 잘못 생각하고 있다. 루돌프를 깨워라! 당신이 바로 산타클로스다!

크리스마스가 다가오면 선물 줄 사람 명단을 만드는 사람은 바로 당신이다. 명단에 빠진 사람은 없는지 확인해 보는 사람도 당신이다. 가게에 가서 선물을 사는 사람도 당신이다. 부모, 형제, 자매, 배우자, 자녀, 동료, 친구, 심지어 할 수 없이 챙겨야 하는 사람의 선물까지 사서 크리스마스트리 밑에 살며시 놓고 사라지는 사람도 바로 당신이다. 모두에게 선물을 선사하는 사람은 바로 당신, 당신이 산타클로스이다!

세상에 존재하는 모든 산타클로스를 생각해 보자. 수백만 명의 사람들이 산타클로스인 셈이다. 하지만 그들은 자신의 직함도 놀라운 힘도 알아채지 못하고 있다. 특히, 크리스마스가 아니어도 발휘할 수 있는 힘이 있는데, 그것도 모르고 살아간다.

만약 당신이 산타클로스라면, 당신이 원하면 언제든 크리스마스가 될 수 있다. 그러면 오늘은 어떤가?
오늘만큼은 다른 사람 말고 당신을 위한 선물을 사라. 백화점에 가서 의미 있는 선물을 사라. 항상 사고 싶어 했던 물건을 사라. 아니면 뭔가 재미있는 물건을 사서 스스로에게 선물하는 것도 좋다. 할 수 있다, 당신은 산타클로스니까!

지갑을 탈탈 털라는 말이 아니다. 당신을 행복하게 만드는 것을 자신에게 선물하면서 감사와 충만함을 느껴 보라는 것이다.

"굴뚝 위에 앉아 본 적이 없다니 도대체 무슨 말인가?"

앞에서 태도를 얻는 것은 이기적이라고 말했다. 그리고 존경심이 있는 이기심은 괜찮다고도 말했다. 산타클로스가 됨으로써 당신이 누구인지 아는 행복을 느낄 수 있다. 또한, 당신이 목표로 세운 사람이 되는 환경을 조성할 수 있다.

헬스클럽 회원권을 끊어도 좋고, 대학 강의를 등록해도 좋고, 가고 싶었던 곳으로 여행을 떠나도 좋다. 선물이 무엇이든 선물받을 사람 명단 제일 첫 번째에 당신의 이름을 꼭 넣어라.

다른 사람을 위해 하려는 일을 당신 자신을 위해서도 해라!

당신이 자신의 산타클로스가 되는 것은 정신과 육체를 위해 좋은 환경을 만든다.

나에게는 정말 큰 성공이었던 나의 첫 번째 책《세일즈 바이블》이 출판되었을 때 뉴욕에 갔었다. 그때가 1993년이었는데, 돈이 넉넉하지 않아 돈을 빌려서 가야 했다.

값싼 호텔을 찾아 전전하다가 친구 미첼 커니Mitchell Kearney에게 어디에서 묵으면 좋을지 물어보았다. 그러자 미첼은 "싸구려를 생각하지 말고 최고를 생각해!"라고 말하면서 44 웨스트 44번가에 있는 로열튼 호텔Royalton Hotel을 추천했다.

정말 멋진 호텔이었다. 나도 마음에 들었고 뉴욕에 머무르는 내내 기분이 좋았다.

미첼의 말이 맞았다!

로열튼 호텔에 들어서면서 로비 왼쪽을 쳐다보았는데 피트 타운젠드Pete Townsend가 앉아 있었다. 30세 이하의 젊은이들을 위해 설명을 해 주자면, 피트는 '더 후The Who'의 리드 기타리스트였다. 당시 그는 브로드웨이 연극 《토미Tommy》의 프로듀싱을 맡아 뉴욕에 머무르고 있었다. 피트를 보자마자 내가 잘 찾아왔다는 확신이 들었다.

나는 내 자신에게 '상류층 생활'을 선물했다. 나는 내 책을 팔기 위해 매일 거리로 나서면서 상류층처럼 보이는 옷을 입었다. 상류층처럼 행동했고 상류층처럼 이야기했다. 13번의 거절 끝에 드디어 나는 "Yes!"를 얻어 냈다.
크리스마스는 아니었지만 산타클로스가 선물을 배달해 준 것이다!

수용적 태도를 당신의 유산으로 남겨라
자손들에게 많은 돈을 남기려고 애쓰지 말고 당신의 태도를 유산으로 남겨라!
다른 사람에게 영감을 주는 것, 다른 사람을 고무시키는 행동을 남겨라. 당신을 섬기는 이들의 가슴속에서 당신은 영원히 살 것이다.

Yes!의 태도를 유산으로 남겨라.

나를 인용해도 좋다.

여태까지 읽었던 명언들을 생각해 보라. 당신에게 영감을 주었던 명언을 생각해 보라. 아마 벽에다 글귀를 붙여 놓은 사람도 있을 것이다. 다른 사람에게 전달한 사람도 많을 것이다. 이제, 당신이 직접 명언을 만들어 보라.

FREE GIT BIT

앨버트 아인슈타인부터 오스카 와일드에 이르기까지 제프리는 수년 동안 태도 명언을 수집했답니다. 당신에게 영감을 줄 명언 모음을 원하신다면 www.gitomer.com에 접속해서 회원 등록을 한 다음 Git Bit 박스에 'ATTITUDE QUOTES'라고 쳐 보세요.

많은 것을 허락하는
Yes!의 태도

Yes!의 태도는 긍정적으로 생각하고, 긍정적으로 듣고, 긍정적으로 말하고, 긍정적으로 행동하는 당신의 능력이다. Yes!의 태도는 많은 것을 허락한다.

- 나쁜 면이 아닌 좋은 면을 볼 수 있도록 허락한다.

- 나쁜 일을 좋게 만드는 방법을 볼 수 있게 허락한다.

- 장애물이 나타났을 때 기회로 전환시키고 문제점을 해결하게 허락한다.

- 잘못된 것이 아니라 잘된 것을 발견하도록 허락한다.

- 당신이 대접받고 싶은 대로 다른 사람을 대하게 허락한다.

- 격려가 필요한 사람을 격려하게 허락한다.

- '나쁜 날'이 절대 일어나지 않음을 허락한다.

- 좋은 말 혹은 재미있는 말을 하도록 허락한다.

태도가 선물이자 축복이라는 사실을 깨닫고,

스스로에게 선물을 주고 축복하기를 나는 간절히 바란다.

−제프리 지토머

· 내면 깊이 행복하게 허락한다.

· 태도를 계속 유지하게 허락한다.

위 문장 앞에 '나는'과 '항상'을 붙인 후 각각의 문장을 당신에게 적용할 수 있다면, 당신은 Yes!의 태도를 성취한 것이다.

만약 아니라면 이 책을 다시 읽 어라. 학습하고 연습하라. 당신의 인생을 위해 반드시 성취하겠다고 결심하라. 당신 자신을 위해 무슨 일이 있어도 해내겠다고 결심하라!

당신에게 필요한 방향으로 나아가기 위해 아침마다 스스로 되새겨야 할 25가지 지침이 있다.

· 나는 세상에서 가장 사교적인 사람이다.

· 나는 세상에서 가장 열정적인 사람이다.

· 나는 세상에서 가장 쓸모 있는 사람이다.

· 내가 할 수 있는 일, 내가 할 수 없는 일을 되새긴다.

· 나는 봉사하는 것이 좋다.

· 나는 세일즈하는 것을 좋아한다.

· 나는 다른 사람을 속단하거나 무시하지 않는다.

· 나는 내 자신, 그리고 성공을 주도한다.

· 나는 좋았던 시절을 자주 떠올린다.

· 나에게 필요한 것은 요구한다.

· 나는 어떤 상황에서도 문제를 피하지 않을 것이다.

· 내 삶이 지금은 축제는 아니지만 실패를 통해 내가 배운 것, 이룬 것을 보라!

· 내가 내린 결정은 긍정적인 생각으로 더욱 굳건해진다.

· 나에게 도움을 준 모든 사람에게 감사하며 절대로 사람을 평가하지 않는다.

· 나는 말하기 전에 질문을 먼저 할 것이다.

· 나는 자존심을 지킬 것이다.

· 나는 기억에 남는 사람이 될 것이다.

· 나는 말다툼은 피할 것이다.

내 삶에 대해 징징대지 않을 것이다. 그 대신 내가 가진 것과 내가 사랑하는 것, 내가 배운 모든 것에 감사할 것이다.

· 내가 세일즈에 성공하면 기분이 좋을 것이다.

· 내가 세일즈에 성공하면 돈을 벌 것이다.

· 내가 이룬 오늘의 승리를 축하할 것이다.

· 내가 살아 있는 것과 나의 삶에 감사할 것이다.

· 나는 내일도 즐거운 하루를 보낼 것이다.

· 나는 나쁜 일은 1분 내로 훌훌 털어 버리고 다시 인생을 즐길 것이다.

날마다의
법칙

이 책에 '날마다' 또는 '매일'이라는 단어가 수없이 나오는 이유가 있다. '매일'이 그만큼 중요하기 때문이다.

'매일'이야말로 당신을 긍정성과 Yes!로 안내하는 등불이자 유일한 길이며 궁극적인 대답인 동시에 유일한 대답이기도 하다.

'매일'이야말로 긍정성과 Yes!를 깨닫게 해 주는 주요 단서이며 행동 지침과 동기 부여에 결정적인 단어이다.

Yes! 태도의 성취와 유지에 대한 답이 바로 '매일'인 것이다.

비밀을 알고 싶은가?

마법의 약을 찾고 있는가?

당신 뒤에 숨어 있는 힘의 원천을 찾고 있는가?

매일, 적정량의 긍정 태도를 섭취하라!

긍정의 태도, Yes!의 태도는 당신만의 것이 아니다.

긍정의 태도, Yes!의 태도는 사랑하는 사람과 나누는 것이다.

오늘 밤, 사랑하는 사람과 테이블에 앉아

당신이 가진 Yes!의 태도를 나누어라.

−제프리 지토머

태도는 계속된다

내 딸 레베카가 7학년이었을 때, 자서전 쓰기 숙제를 받아 왔다. 레베카는 역사적인 혁명보다 더 주목받는 네 페이지 분량의 글을 작성했다.

다른 쌍둥이 딸들 에리카Erika와 스테이시Stacey처럼 레베카도 현재를 살고 있다. '순간을 산다'는 말이 더 맞으려나? 어느덧 레베카도 두 딸의 어머니가 되었다. 딸 부잣집답게 스테이시도 딸 줄리아Julia를 낳았다.

레베카는 세 딸 중 가장 먼저 엄마가 되었다. 자신의 뱃속에 있는 아이의 소리를 초음파로 듣는 순간, 열아홉 살 레베카는 무책임한 아이에서 '책임감의 결정판'으로 다시 태어났다.

책임감으로 무장한 레베카는 엄마로서 꽃을 피웠고, 평생 라이벌이었던 쌍둥이 자매들의 존경을 샀다. 레베카가 가진 긍정적인 태도는 계속 그녀 안에 있었다. 모르간이 태어나면서 레베카의 긍정적인 태도는 더욱 빛을 냈고, 나도 존경할 정도의 태도를 변함없이 갖게 된 것이다.

다음 글은 레베카의 자서전에 나오는 글귀이다. 이 글을 썼을 때 레베카는 열한 살 소녀였다.

……내가 어떤 사람인지 말해 보겠다.
나는 꽤 착하고
친구들에게도 매우 친절하다.
나의 장점은
내가 아주 긍정적인 사람이라는 것이다
(바로 우리 아빠처럼).

태도와 관련된
참고 문헌

나의 태도와 사고방식에 긍정적인 영향을 준 작가들이 아주 많다. 나폴레온 힐, 오리슨 스웨트 마든, 데일 카네기, 러셀 콘웰Russell Conwell, 엘버트 휴버트Elbert Hubbart, 노먼 커즌스Norman Cousins, 에인 랜드, 맥스웰 몰츠Maxwell Maltz, 데이비드 슈워츠David Schwartz, 로버트 콜리어Robert Collier, 찰리 존스Charlie Jones, W. 클레멘트 스톤, 이안 팔코너, 앨버트 아인슈타인, 얼 나이팅게일, 와티 파이퍼, 닥터 수스Dr. Seuss.

이들이 지은 책은 일부러 적지 않았다. 내가 읽은 책으로 당신만의 태도를 발견하라. 당신의 방식으로 생각하라. 당신의 미션을 발견하고 저들의 책을 샅샅이 탐색하라. 당신만의 자기 계발 도서관을 만들어라.

태도 행동 지침

긍정의 책을 항상 들고 다니면서 시간 날 때마다 한두 페이지씩 읽어라.

자투리 시간을 활용해서 만드는 커다란 가치를
사람들은 알지 못한다.

–오리슨 스웨트 마든,
《할 수 있다고 생각하는 자가 해낸다 He Can Who Thinks He Can》 중에서

훌훌
털어 버려라!

슬럼프에 빠졌다고 생각하는가? 오늘 나쁜 태도로 지냈는가? 순간적으로 나쁜 태도를 보였는가? 현실 때문에 똥줄이 타는가?

태도를 얻는 것이 어떤 의미인지 진정으로 알고 싶다면 "훌훌 털어 버려라!"

· 당신의 태도를 시험하는 인생 대소사

· 당신의 태도를 시험하는 나쁜 서비스

· 당신의 태도를 시험하는 교통 혼잡

· 당신의 태도를 시험하는 날씨

· 당신의 태도를 시험하는 사람

· 당신의 태도를 시험하는 말다툼

· 당신의 태도를 시험하는 인생

· 당신의 태도를 시험하는 신

'훌훌 털어 버려라!' 지침의 일급비밀은 최대한 빨리 털어 버리는 것.

산책을 하거나 긍정적인 책을 읽거나 애완동물을 돌보거나 차를 마시면서 관심을 당신이 좋아하는 것으로 돌려라. 나는 내가 수집한 야구 카드와 스포츠 기념품을 본다. 한숨 돌리기 위해 절친한 친구에게 전화를 걸어도 좋다. 단, 불평하거나 우는 소리는 하지 마라.

얼마나 빨리 털어 버릴 수 있는지 도전해 보는 것은 어떤가? 또, 얼마나 빨리 용서할 수 있는가? 어떤 일이나 사람도 5분 내에 털어 버릴 수 있다면 올바른 길, Yes!의 길을 걷고 있는 것이다. 2분 내에 털어 버릴 수 있다면 Yes!의 태도를 성취한 것이다.

기억하라! 부정성이 당신의 몸과 영혼에서 빼내는 에너지는 긍정성의 두 배나 된다. 쉽게 말하면 부정성은 에너지를 빼앗고 긍정성은 에너지를 생산한다.

Yes!는 에너지를 유지해 앞으로 나아갈 수 있게 해 준다.

살면서 겪는 개떡 같은 일을 훌훌 털어 버릴 수 있게 하는 Yes!의 태도

비결이 눈앞에 있다면 어떻게 할 것인가? 왜 더 빨리 털어 버리고 앞으로 나아가지 않는가?

당신은 할 수 있다! 훌훌 털어 버리는 연습을 하라.
말다툼, 사소한 다툼, 가정이나 직장에서 받는 오해 때문에 태도가 무너지는 경우가 많다. 용서하고 5분 이내에 빨리 잊어라. 털어 버리는 데 그치지 말고 앞으로, 위로 나아가라!

나? 나는 미소 짓는다. 어떤 일이 일어나도 바로 미소를 짓는다.

제프리의
감사하는 태도

편집자이자 내 비밀 병기이자 절친한 친구 제시카 맥두걸에게 감사 드린다. 제시카는 이 책을 위해 헌신했다. 제시카를 한낱 '편집자'라고 부르는 것은 가당치 않다. 풍부한 지식의 편집자로서 단어 선택이나 그림 배치에 조언을 아끼지 않았으며, 내 의도를 잘 이해해 주었다. 또 디자인 팀과 출판부 사람들과의 의사소통을 매끄럽게 해 주었다.

훌륭하게 일을 해낸 신입 디자이너 마이크 볼프Mike Wolff에게도 감사한다. 마이크는 이 책의 편집 스타일을 빠르게 이해하고 자신의 재능을 발휘해 우리를 충분히 만족시켜 주었다.

이 책의 표지 디자인을 해 준 나의 형 조쉬 지토머Josh Jitomer에게 감사를 전한다. 책을 더 멋지게 만들기 위해 조쉬는 본문에 자신의 그래픽을 추가해 주었고, 내 취향과 형의 수정안이 합쳐져 책이 더 빛날 수 있었다.

그리고 몸소, 책으로, 오디오 강의로 자신들의 지식과 지혜를 전수해 준
나의 스승들에게 감사 드린다.

긍정적인 태도를 실행으로 옮기고 있는 가족들에게 또한 감사한다. 나는
태도를 가르치기보다 '살아있는 태도의 전설'이 되려고 노력하고 있다.

당신에게도 감사 드린다. 내 책과 지식을 사 주는 나의 고객인 당신에게
진심으로 감사한다! 당신 덕분에 내 목적과 유산이 더 확고해지고 있다!
더 열심히 일하고 진심으로 글을 써서 당신의 충성과 지지를 얻을 수 있
도록 계속 노력하겠다.

제프리 지토머는 《뉴욕 타임즈》 베스트셀러인 《세일즈 바이블The Sales Bible》, 《고객 만족은 가치 없지만 고객 충성은 값을 매길 수 없다Customer Satisfaction Is Worthless, Customer Loyalty Is Priceless》, 《패터슨의 판매 원칙The Patterson Principles of Selling》, 《세일즈 시크릿 열정Little Red Book of Sales Answers》, 《인맥으로 승부하라Little Black Book of Connections》, 《Little Green Book of Getting Your Way》, 《Little Teal Book of Trust》, 《Little Platinum Book of Cha-Ching!》 (리틀 북 시리즈 한국어판 계속 출간 예정)을 쓴 저자이다.

제프리 지토머는 세미나를 개최하고 세일즈 미팅을 주최하며, 판매와 고객 충성에 대한 트레이닝 프로그램을 운영하면서 지난 15년 동안 연간 120여 회의 프레젠테이션을 해 왔다.

제프리 지토머의 고객으로는 코카콜라, D.R 호튼, 카터필라, BMW, BNG 모기지, 맥그리거 골프, 퍼거슨 엔터프라이즈, 킴튼 호텔, 힐튼, 엔터프라이즈 렌트 에이 카, NCR, 스튜어트 타이틀, 컴캐스트 케이블, 타임 워너 케이블, 리버티 뮤추얼 보험, 웰즈 파고 뱅크, 블루크로스 블루쉴드, 칼스버그 비어, 워소 보험, 노스웨스턴 뮤추얼, 메트라이프, 글래소스미스클라인, AC 닐슨, IBM, 뉴욕 포스트 등이 있다.

제프리 지토머의 칼럼인 〈세일즈 무브스Sales Moves〉는 전 세계 95개 이상의 경제 신문에 실리며, 매주 4백만 명 이상의 독자들이 그의 칼럼을 읽는다. 또한 그는 '셀링 파워 라이브 Selling Power Live'의 해설자로서, 세일즈와 자기계발에 대한 세계 최고 권위자들의 지혜를 회원들에게 전하고 있다.

그는 웹사이트 www.gitomer.com, www.trainone.com을 운영하고 있으며, 매일 25,000명의 사람들이 방문하고 있다. 제프리가 운영하는 웹사이트 기반 서비스 교육 프로그램들은 이 부문의 표준으로 인식될 정도로 고객과 업체들로부터 인정을 받고 있다. 트레인원은 고객 중심 온라인 교육 분야의 선도자로 재미있고 실용적이며, 즉시 활용 가능한 제프리의 강의를 들을 수 있다.

제프리가 발행하는 무료 이메일 매거진 《세일즈 카페인》은 매주 화요일 12만 명의 독자들과 아침을 맞이하는 세일즈 모닝콜이다. 제프리는 《세일즈 카페인》을 통해 세일즈 전문가들에게 유용한 세일즈 정보와 전략, 그리고 독자들의 질문에 답변을 제공하고 있다.

1997년 제프리 지토머는 미국강연가협회 National Speakers Association 로부터 공인 강연전문가상 Certified Speaking Professional 을 받았다. 이 상은 지난 25년 동안 500명 미만의 사람들에게만 수여한 협회 최고의 상이다.

Yes!
THANK
YOU

LITTLE GOLD BOOK
OF YES! ATTITUDE